W0228786

> SZENE

S. 12–15: Trends, Entdeckungen, Hotspots! Was wann wo in Estland los ist, verrät der MARCO POLO Szeneautor vor Ort

> 24 STUNDEN

S. 94/95: Action pur und einmalige Erlebnisse in 24 Stunden! MARCO POLO hat für Sie einen außergewöhnlichen Tag in Tallinn zusammengestellt

> LOW BUDGET

Viel erleben für wenig Geld! Wo Sie zu kleinen Preisen etwas Besonderes genießen und tolle Schnäppchen machen können:

Tallinn per Rad – inklusive Unterkunft S. 46 | Fast umsonst ins Mittelalter – möglich wird's in der Burg Rakvere S. 53 | Schönes aus Schafswolle – günstig auf Hiiumaa S. 60 | Prima Pizza in Tartu S. 85

> GUT ZU WISSEN

Was war wann? S. 10 | Estnische Spezialitäten S. 26 | Bücher & Filme S. 41 | Blogs & Podcasts S. 42 | Waldbrüder S. 55 | Herrenhäuser S. 66 | Die Indianer Estlands S. 82

AUF DEM TITEL
Die neuen Kunstzentren von Tallinn bis Tartu S. 14
Die Strände der Pärnuer Bucht S. 69

ENTDECKEN SIE ESTLAND!

Unsere Top 15 führen Sie an die traumhaftesten Orte und
zu den spannendsten Sehenswürdigkeiten

Die Highlights sind in der Karte auf dem hinteren Umschlag eingetragen

 Domberg (Toompea)
Gänsehautgefühl: Blicken Sie vom
Domberg auf die wunderschöne mittel-
alterliche Altstadt Tallinns (Seite 33)

 Katharinental (Kadriorg)
Es geschah aus Liebe: Zar Peter I.
baute ein Super-Sommerschloss für
seine Angetraute (Seite 35)

 **Lahemaa-Nationalpark
(Lahemaa rahvuspark)**
Ein urwüchsiger Landschaftstraum
mit vielen Buchten, die Sie unbedingt
entdecken sollten (Seite 45)

Hermannsfeste (Hermanni linnus)
In der Grenzstadt Narva stehen sich
zwei mächtige Trutzburgen auf Fluss-
breite trotzig gegenüber (Seite 50)

 Toolse
Melancholie und Romantik pur, wie
von Caspar David Friedrich gemalt:
Der Wind bläst den Geist der Ritterzeit
durch jeden Riss der alten Ordensburg-
Ruine an der Ostsee (Seite 55)

**Leuchtturm Kõpu
(Tahetorn Kõpu)**
Jahrhunderte schon arbeitet das
älteste Leuchtfeuer an der Ostsee auf
Hiiumaa, Estlands zweitgrößter Insel
(Seite 60)

Bischofsburg (Piiskopilinnus)
Quadratisch, wuchtig, gut: Schier
uneinnehmbar ragen die Mauern der
mittelalterlichen Trutzburg über der
Inselhaupthauptstadt Kuressare auf
(Seite 63)

MARCO ⊕ POLO

ESTLAND
TALLINN

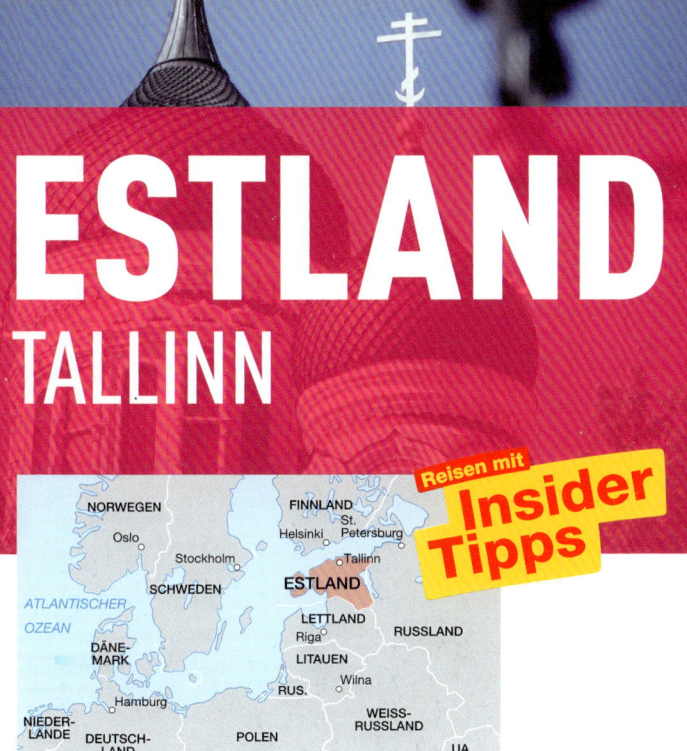

Reisen mit Insider Tipps

NORWEGEN
Oslo
Stockholm
SCHWEDEN
ATLANTISCHER OZEAN
DÄNE-MARK
Hamburg
NIEDER-LANDE
DEUTSCH-LAND
POLEN
FINNLAND
St. Petersburg
Helsinki
Tallinn
ESTLAND
LETTLAND
Riga
RUSSLAND
LITAUEN
Wilna
RUS.
WEISS-RUSSLAND
UA

> Estland hat wunderschöne Ostsee-
> landschaften, wie unberührt und
> schon sehr nordisch. Die zerklüfte-
> ten Steilküsten, schärenartige Inseln,
> Sandstrände, der Lahemaa-National-
> park mit seinen Mooren und Wäl-
> dern. Und dann dieses hohe, klare
> Licht, die Salzluft an der Küste.
> *MARCO POLO Korrespondent*
> *Thoralf Plath*
> (siehe S. 127)

Spezielle News, Lesermeinungen und Angebote zu Estland:
www.marcopolo.de/estland-tallinn

ESTLAND

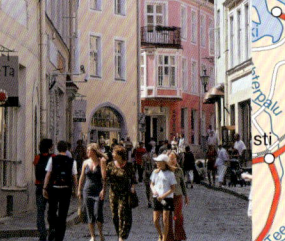

Naissar s.

Kehra
Keila
Ae
Kc
Kohila
Turba
Rapla
Märjamaa
Järvakandi
sti

> SYMBOLE

MARCO POLO INSIDER-TIPPS
Von unseren Autoren
für Sie entdeckt

 MARCO POLO HIGHLIGHTS
Alles, was Sie in Estland
kennen sollten

 **SCHÖNE AUSSICHT**

▶▶ **HIER TRIFFT SICH DIE SZENE**

> PREISKATEGORIEN

HOTELS
€€€   über 75 Euro
€€   45–75 Euro
€   bis 45 Euro
Die Preise gelten für eine Über-
nachtung im Doppelzimmer
mit Frühstück

RESTAURANTS
€€€   über 10 Euro
€€   5–10 Euro
€   bis 5 Euro
Die Preise gelten für ein
Hauptgericht ohne Getränke

> KARTEN

[116 A1] Seitenzahlen und
        Koordinaten für den
        Reiseatlas Estland

Karten zu Narva, Tallinn und
Tartu finden Sie im hinteren
Umschlag

Zu Ihrer Orientierung
sind auch die Orte mit
Koordinaten versehen,
die nicht im Reiseatlas
eingetragen sind

>DIE BESTEN MARCO POLO HIGHLIGHTS

 Koguva
Das Dorf auf Muhu zeigt, wie einfach, entbehrungsreich, aber auch schön das Leben einst war (Seite 65)

Windmühlen von Angla
Auf Saaremaa stehen würdevolle Zeugen aus anderer ökologischer Zeit (Seite 66)

Strände
Vor der offenen See geschützt, sind die kilometerlangen weißen Strände in der Pärnuer Bucht ein Erlebnis (Seite 69)

 Soomaa-Nationalpark
Wilde Tiere, viele Vögel, raue Wasser: Der Nationalpark ist ein Paradies für Wanderer und Kanuten (Seite 71)

 Johanneskirche (Jaani kirik)
Die Terrakottaskulpturen an der Fassade sind einmalig in Europa (Seite 77)

 Universität (Tartu ülikool)
Die Hochschulstadt Tartu zieht die Jugend an und bewahrt gleichzeitig den unabhängigen Geist Estlands (Seite 78)

 Väike-Taevaskoja
Der Fluss Ahja hat in Põlvamaa eine romantische Felslandschaft geschaffen (Seite 82)

 Großer Eierberg (Suur Munamägi)
Bis zu 50 km können Sie von diesem Berg nach Russland hineinsehen (Seite 86)

WAS FÜR EIN LAND!

Strand bei Tallinn

AUFTAKT

> Die Wälder wollen kein Ende nehmen, in abgründigen Moorseen
spiegelt sich baltisches Wolkentheater, und an der Küste, gesäumt von
zerklüfteten Felsen, schilfigen Buchten, breiten Stränden und über 1500
Inseln, nennen die Leute in den Fischerdörfern die Ostsee ihr „West-
meer". Die kleinste der drei Ostseerepubliken wartet mit viel Natur und
Ursprünglichkeit auf; alte Hansestädte, Burgruinen und Herrenhäuser er-
zählen von bewegter Geschichte. Und die Hauptstadt Tallinn betört mit
mittelalterlich-nordischem Charme, viel Kultur und pulsierendem Nachtleben, die meisterhaft restaurierte Altstadt zählt zu Europas schönsten.

> Estland, die nördlichste der drei Ostsee-republiken, ist ein Land der leisen Töne. Geprägt von der herben Schönheit seiner Natur, vom Leben am Meer: Stolze 3800 km misst die Küstenlinie, sechsmal mehr als die Landgrenzen zu Lettland und Russland. Nur der Finnische Meerbusen trennt Estland von Finnland, wie man sich überhaupt mehr Skandinavien als dem Baltikum zugehörig fühlt. Lange Sandstrände, von Kiefernwäldern gesäumt, zerklüftete Kalksandkliffe im Norden, Flüsse, die von der 50 m hohen Steilküste ins Meer stürzen, flache Küstenlinien, durchsetzt mit großen Findlingen: Das Naturpanorama an der Ostsee ist faszinierend. Im Süden des Landes formt sich aus der Ebene eine sanftwellige, waldreiche Hügelland-schaft, Hunderte Seen sind in diese Morä-nenketten eingebettet. Nach Osten öffnet der riesige Peipus-See eine Ahnung russi-scher Weite.

Der Kontrast zur Hauptstadt könnte größer kaum sein. Altes, junges, auf-strebendes Tallinn: Kopfsteinpflas-tergassen, gesäumt von spitzgiebeli-gen Kaufmannshäusern und Kirchen, zwischendrin ein altes Dominikaner-kloster, das gotische Rathaus. Man könnte glauben, ins Mittelalter zu-rückzuwandern, wären da nicht die bunten Straßencafés vor den histori-schen Fassaden und allenthalben junge Leute mit aufgeklappten Lap-tops und den allgegenwärtigen Handys, mit dem man hier sogar die Parkuhr fürs Auto bezahlt oder auch den Stadtbus. Vergangenheit trifft Zukunft. Grauer Sowjetmief ist ei-nem lebendigen Mix aus eleganten Läden, Restaurants und trendigen Cafés gewichen, hanseatisch-nordi-sches Flair durchweht die Altstadt. Sich hier wohlzufühlen fällt leicht.

Tallinn mit seinem mittelalterlichen Stadtkern, den Theatern, Museen und Kneipen, mit seinem pulsierenden Nachtleben, dem Regierungssitz und den modernen Einkaufszentren ist Estlands unbestrittenes Zentrum, in jeder Hinsicht. Etwa 400 000 Men-

Nach wie vor der Mittelpunkt der alten Hansestadt Tallinn: der Rathausplatz

schen leben hier, fast ein Drittel aller Esten. Jenseits von Tallinn fließt das Leben viel gemächlicher. Schon in Tartu, der zweitgrößten Stadt des Landes, ist das zu spüren.

> **> Das Naturpanorama an der Ostsee ist faszinierend**

Die baltische Republik, mit 45 000 km² etwa so groß wie Niedersachsen und von knapp 1,4 Mio. Menschen bewohnt, wurzelt in bewegter Geschichte. Überall im Land stößt man auf ihre Zeugen: Reste alter Ordensburgen, noch als Ruinen von einstiger Macht erzählend, seltsam anmutende Radkreuze im hohen Gras verwitterter Inselfriedhöfe, orthodoxe Kirchen, prächtige Herrenhäuser. Es sind die Spuren fremder Regenten. Jahrhundertelang lebten die Esten unter deren Herrschaft: Dänen, Deutsche, Polen, Schweden, schließlich die Russen – sie alle rissen sich das

historische Livland oder Teile davon unter den Nagel.

Die ersten Missionare kamen im 13. Jh. noch aus Dänemark, doch bald fielen die Ritter des Deutschen Ordens im baltischen Norden ein, um die heidnischen Esten mit dem Schwert unter das Kreuz zu zwingen. In ihrem Gefolge errichteten deutsche Kaufleute Handelsniederlassungen. Tallinn, von den Deutschen Reval genannt, Narva, Tartu (Dorpat), Pärnu (Pernau) und Viljandi entstanden und wuchsen als blühende Hansestädte zu Reichtum und Wohlstand. Im 16. und 17. Jh. rauften sich Polen, Schweden und Russen um das Land, bis das aufstrebende Zarenreich Peters des Großen als Sieger aus diesen Machtkämpfen an der Ostsee hervorging. Zwar konnten sich die Esten 1917/18 endlich aus dem zaristischen Imperium lösen, doch die Eigenständigkeit endete schon 1939 wieder –

> **> Überall hinterließen fremde Herrscher ihre Spuren**

mit dem Hitler-Stalin-Pakt. Für Estland begann die schlimmste Zeit seiner Geschichte: von Moskau einverleibt, von den Deutschen besetzt, nach Kriegsende sowjetisiert. Durch Flucht, Massendeportationen und Staatsterror verlor das kleine Land ein Viertel seiner ethnischen Bevölkerung. Im Gegenzug kamen Einwohner aus dem Sowjetreich in das Land.

Alle Wunden dieser Zeit sind noch längst nicht verheilt. Doch für mehr

WAS WAR WANN?

4400–2500 v. Chr. Finno-ugrische Völker aus dem Uralgebiet dringen bis ins heutige Finnland und Estland vor

650 Bei den baltischen Völkern bilden sich Herrscherdynastien und feste Grenzen heraus

1202–30 Der Schwertbrüderorden erobert Südestland

1230 Deutsche Kaufleute gründen die Stadt Reval (Tallinn)

1346 Dänemark verkauft Nordestland an den Deutschen Orden

14./15. Jh. Blütezeit der Hanse

1523 Die Reformation erreicht Estland

1558 Zar Iwan IV. fällt in Estland ein

1582–84 Die Schweden vertreiben die Russen und herrschen bis 1645

1710 Im Nordischen Krieg erobert Zar Peter I. Estland

1869 Erstes estnisches Sängerfest

24. Feb. 1918 Ausrufung der Republik Estland, Freiheitskämpfe

1939/40 Hitler-Stalin-Pakt: Umsiedlung der Deutschbalten, Estland wird sowjetrussisch

1941–44 Deutsche Besatzung

1945–88 Russifizierung Estlands

1989 Eine Menschenkette zieht sich in Erinnerung an den Hitler-Stalin-Pakt quer durchs Baltikum

20. Aug. 1991 Estland erklärt sich für unabhängig

1994 Die letzten russischen Truppen verlassen Estland

2004 Estland wird Nato-Mitglied und tritt der EU bei

und mehr Esten, vor allem in den jungen Generationen, ist Vergangenheit Geschichte: Wer kann, blickt nach vorn. Das Land steckt in einem rasanten Aufschwung, die Wachstumsrate zählt konstant zu den höchsten in Europa. Weltweit als Musterknabe gilt das Baltenland auf dem Gebiet neuer Kommunikationstechnologien. Der Staat garantiert seinen Bürgern per Verfassung den freien Internetzugang, blau-weiße Schilder mit dem @-Symbol weisen auf die etwa 1100 öffentlichen und kostenlosen Internetzugänge hin, die sich selbst in kleinen Dörfern finden.

Esten gelten als Individualisten, wortkarg und schweigsam. Gerade auf dem Land gilt Schweigen durchaus als Art der Kommunikation. Niemals würde ein Este einem Fremden ein Gespräch aufdrängen. Freundschaften schließen die Menschen hier nicht so schnell. Aber wenn, dann halten sie ein Leben. Doch einmal im Jahr ist manches anders: Von Ende Mai bis Mitte Juli, wenn es nicht richtig dunkel wird, beschwingen die „weißen Nächte" die Seelen der Esten. Ihren Höhepunkt findet diese Zeit an Jaanipäev, der Johannisnacht vom 23. zum 24. Juni: Das ganze Land feiert an diesem Tag ein fröhliches Fest mit Sonnenwendfeiern und alten Liedern.

Traditionen und Bräuche spielen in Estland eine immense Rolle. Traditionen haben den Esten in den Jahrhunderten wechselnder Fremdherrschaft geholfen, die Identität zu bewahren, so etwas gräbt sich tief ein ins nationale Bewusstsein. Das gilt vor allem für die Lieder, ein heiliger Volksschatz wie überall im Baltikum.

> *Im Sommer wird es niemals ganz dunkel*

Die Sängerfeste, das erste fand 1869 in Tartu statt, sind eine nationale Institution. Mit ihren Volksliedern auf

Ein Geheimtipp ist das Land im Norden des Baltikums längst nicht mehr. Immer mehr Urlauber entdecken Estland, zumal im Zeitalter der Billigflieger auch Tallinn so leicht erreichbar ist wie Paris und spätestens mit der Aufnahme in den Schengen-Verbund letzte Grenzen fielen. Natürlich lockt vor allem die Hauptstadt die Touristen. Doch auch auf den Inseln

So etwas wie bewohnte Museen sind viele der kleinen Dörfer auf der Insel Muhu

den Lippen stellten sich die Esten 1991 den sowjetischen Panzern entgegen, der Freiheitskampf ging als „singende Revolution" in die Weltgeschichte ein. Auch das freie Estland machte singend von sich reden: Mit dem Gewinn des European Song Contest 2001 rückte die kleine Republik im Bewusstsein vieler TV-Zuschauer erstmals wieder auf die europäische Landkarte.

und im Binnenland mit seinen kleinen Städtchen gibt es viel zu entdecken: restaurierte Gutshäuser, uralte Windmühlen, Leuchttürme und nicht zuletzt wunderbare Landschaften. In der Stille der Natur dieses Landes lässt sich Kraft schöpfen, und die Gastfreundschaft der Menschen tut ein Übriges, um Besucher spüren zu lassen, dass sie hier, im baltischen Norden, herzlich willkommen sind.

▶▶ TREND GUIDE ESTLAND

Die heißesten Entdeckungen und Hotspots! Unser Szene-Scout zeigt Ihnen, was angesagt ist

Alexandra Frank

lebt und arbeitet als freie Journalistin in Hamburg, doch soft sie kann, fliegt sie von der Elbe an den Finnischen Meerbusen, um von dort für namhafte Magazine, Zeitungen und Buchverlage zu berichten. Tallinn hat sich dabei zu ihrer Lieblingsstadt entwickelt. Jedesmal wieder ist sie von dem rasanten Wandel der Tallinner Neustadt begeistert. Clubs und Shops sprießen dort nur so aus dem Boden.

▶▶ NORDIC CHIC

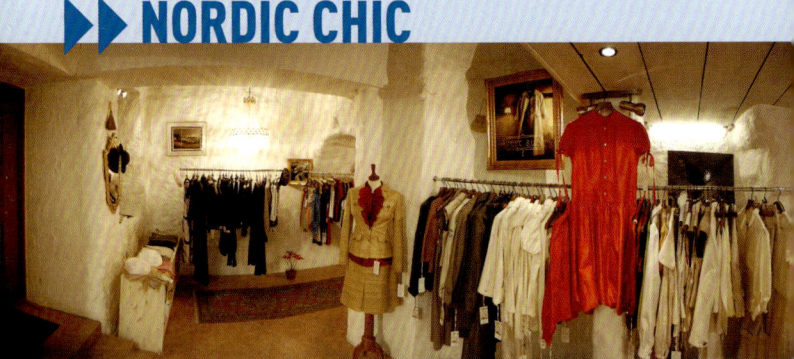

Neue estnische Mode

Die angesagten Nachwuchsdesigner Estlands trauen sich was: Ihre Entwürfe sind mal romantisch, mal extravagant – und immer absolut unverwechselbar. Wer mutig ist und auffallen will, wirft sich in die „Re-Use"-Entwürfe von Reet Aus: Die Designerin baut auf das Motto „Aus alt mach neu" und kreiert avantgardistische Styles aus alten Uniformen und Schlafsäcken *(Shop in Tallinn, Müürvähe 19, www.reetaus.ee, Foto)*. Fashion für moderne Prinzessinnen kreiert Maarja Metspalu: Ihre Entwürfe unter dem Label „Maru" sind verspielt und detailverliebt *(www.marudesign.tk)*. Bisher nur im Internet vertreten: die buntfröhlichen Kollektionen von Liina Viira. Ihre Kreationen haben historischen Charakter: Die Designerin bringt traditionelle estnische Strickmuster in sexy Formen *(www.lviira.com)*.

SZENE

▶▶ FUSION LIVING

Minimales Design & maximaler Charme in alten Gemäuern

Tallinns Hotel-Designer setzen auf den eleganten Mix: moderne Hotels in historischen Bauwerken, die statt auf opulente Schnörkel und antikes Mobiliar auf futuristisch-puristisches Design setzen. Originell: das elegante *Hotel Telegraaf*. Im einstigen Telegrafenamt Tallinns treffen stylishe Lounge-Sessel in avantgardistischen Formen auf klassizistische Architektur *(Vene 9, www.telegraafhotel.com, Foto)*. Ein Hauch von Asien weht durch das puristische *Uniquestay*. Im Kalksteinhaus aus dem 19. Jh. herrschen die Prinzipien des Zen – und der modernen Technik *(Toompuiste 23, www.uniquestay.com)*. Moderner Luxus verbirgt sich auch im *Merchants House Hotel*: Zwei alte Kaufmannshäuser verstecken hinter Original-Steingemäuern z. B. Suiten mit LCD-Fernsehern *(Dunkri 4/6, www.merchantshousehotel.com)*.

▶▶ MEHR ALS NUR BEWEGUNG

Sport mit Event-Charakter

Raus aus der Stadt, rein in die Natur – und los mit der Action: Die sportbegeisterten Esten stehen auf Ausgefallenes. Wem klassische Sportarten wie Langlauf oder Canyoning in den Weiten der estnischen Landschaften zu alltäglich sind, der lässt sich einfach sein eigenes Abenteuer-Event zusammenstellen. Supercool im Winter: Snowmobile-Safaris. Die Flitzer

gibt's zum Beispiel im *Kuutsemäe Snowmobile Rental Center*, einen erfahrenen Guide für geführte Touren natürlich ebenso *(Kuutsemäe, www.sanikuur.ee, Foto)*. Im Sommer geht's zum Beispiel in Otepää hoch in die Lüfte: über Seile und Holzstege im Kletterpark kraxeln – selbstverständlich in Augenhöhe mit den höchsten Baumkronen der Gegend *(Otepää Seikluspark, April–Oktober, www.seikluspark.ee)*.

▶▶ FÜR JEDEN ETWAS

Kunst und Kultur unter einem Dach

Theater? Design? Konzert? Am besten alles auf einmal! Estlands Kunstszene präsentiert sich in Kulturzentren mit überdimensionalem Angebot und echtem Kultfaktor. Festivals, Fashion Shows, Jazzkonzerte, Kino und neue Theaterinszenierungen stehen auf dem Programm des *Athena* in Tartu (*Sihtasutus Ateen, Küütri 1, www.ateen.ee*). Alles andere als ruhig geht es im *Viinistu Kunstimuuseum* zu: In einer alten Fischfabrik im Herzen des Nationalparks Lahemaa finden regelmäßig Konzerte und nationale Kunstausstellungen aus allen Epochen statt (*Viinistu, Gemeinde Kuusalu, www.viinistukunst.ee, Foto*). Eine echte Kultfabrik ist das Kulturzentrum in Tallinn: Performances, Konzerte, Partys und Workshops – das *Polymer* ist ein Mekka für Mitmachfreudige mit Stilempfinden. Hier gilt nicht nur für Kunst das Motto: Sehen und Gesehenwerden (*Kultuuritehas Polymer, Ülase 16/Madara 22, www.kultuuritehas.ee*)!

▶▶ DESIGN OHNE CHICHI

Schlicht und stylish

Schmuck, Kunst, Interior: Die kreative Szene Estlands boomt. Design made in Estonia findet man vor allem in den ausgefallenen Shops der Hauptstadt. *4Room* hat sich auf Inneneinrichtung spezialisiert (*Pärnu mnt 142, www.4room.ee*). Funktionale und schlichte Möbel kreiert auch *Fellin Furniture* (*www.fellin.eu, Foto*): großartig cleanes Design und tolle Formen! *Balteco* ist für Badverschönerungen im großen Stil zuständig. Der estnische Hersteller designt alles von der Duschkabine bis zum Whirlpool (*Jälgimäe, Laagri, Harjumaa 76401, www.balteco.ee*). Kleiner und feiner geht es in den Galerien für Kunst und Accessoires in der Lühike Jalg zu. Hier befindet sich auch die beste Adresse für glamourösen Schmuck, Textilien und Keramik: die *Lühikese Jala Galerii* (*Lühike Jalg 6, www.hot.ee/lgalerii*).

►► DINNER – UND DANN?

All-in-one heißt die Devise

Nach dem Essen durch die ganze Stadt in den nächsten Club tingeln – dafür hat die Tallinner In-Crowd keine Zeit. In der Hauptstadt haben die angesagten Locations deshalb Mehrwertcharakter: Restaurant, Club, Lounge in einem – je mehr Angebote sich an einem Ort befinden, desto besser! Ganz in weiß: die *Stereo Lounge*, die sich

vom Restaurant ab 21 Uhr in eine Bar und zwei Stunden später in einen stylishen Club verwandelt *(Harju 6, www.stereolounge.ee)*. Wer zeitlich flexibel bleiben will, diniert im *Café Moskva*. Der zum Restaurant gehörende Club liegt im selben Haus – nur ein Stockwerk höher *(Vabaduse väljak 10, www.moskva.ee,* Foto*)*.

►► VINTAGE-SOUND

Folkmusik in neuem Outfit

Tradition, Folklore und Mittelalter sind in Estland wieder im Trend – besonders in der Musik: Experimentierfreudige Bands nehmen sich alte Songs zum Vorbild und machen sie radiokompatibel. Unvorstellbar? Von wegen: Die Band *Diskreetse Mango Trio* verknüpft alte Runengesänge mit neuen Rhythmen *(www.diskreetsemangotrio.ee,* Foto*)*, die Folkband *Kukerpillid (www.kukerpillid.ee)* macht aus traditionellen Folkklängen und Seemannsliedern moderne Songs mit Mitsinggarantie. Wer vom Vintage-Sound nicht genug bekommen kann, bekommt bei den angesagten Festivals die volle Ladung auf die Ohren. Die angesagtesten Festivals Estlands: das jährliche Folk Festival in Viljandi *(www.folk.ee)*, und das *Muhu Music Festival (www.nordicsounds.ee)*.

Beim Aufbruch in die globalisierte Welt steht Estland fest auf
dem Fundament seiner Traditionen

BALTISCHER BOOM

Estland zählt seit Jahren zu den am
stärksten wachsenden Volkswirt-
schaften Europas, vor allem aufgrund
der anhaltend robusten Binnennach-
frage (Wirtschaftswachstum 2006:
6,2 Prozent, BIP 13 Mia. Euro).
Mehr als drei Viertel seines Außen-
handels wickelt das Land mit der EU
ab. Prosperierende Branchen sind die
Holzwirtschaft, die Papier- und Zel-
luloseproduktion und die Möbelin-
dustrie. Aber auch in der Chemiein-
dustrie, in der Elektronikbranche und
in der Textilwirtschaft sind estnische
Unternehmen aktiv. Dass in estnischen Mooren der Torf für deutsche
Gärten und Gewächshäuser gesto-
chen wird, dürfte wenig bekannt
sein, ebenso, dass Estland Strom pro-
duziert und exportiert, den es durch
die Verbrennung von Ölschiefer ge-
winnt. Um die damit verbundenen

STICH WORTE

ökologischen Probleme zu lösen, wird erheblich in den Umweltschutz investiert. Die Arbeitslosigkeit ist regional sehr unterschiedlich: Im Osten sind es 18 Prozent, auf Saaremaa nur 4. Seit die EU offensteht, verlassen viele junge, gut ausgebildete Esten das Land, um in der EU zu arbeiten, vor allem in Schweden und Großbritannien. Die Folge: ein immer stärker spürbarer Fachkräftemangel, vor allem in der Hauptstadt Tallinn.

DEUTSCHBALTEN

„Das Land der Esten war, ist und bleibt gleichfalls die Heimat der Deutschbalten", hat Lennart Meri, Estlands erster Staatspräsident nach 1991, wiederholt betont. Als Unterdrücker und Förderer der Esten zugleich prägten sie das Land. Deutsche Ordensritter missionierten Estland mit dem Schwert. Deutsche Hanse-Kaufleute bauten den Fernhandel auf und gründeten Städte. Im Zuge der deutschen Ostsiedlung folgten ihnen Handwerker, Gelehrte, Ärzte. Deutsche Geistliche predigten das christliche Wort und übersetzten die Bibel ins Estnische. Pastoren waren es auch, die die Aufklärung ins Land brachten.

Aus den Ordensrittern ging der deutsch-baltische Adel hervor, der große Teile des Landes in Besitz hielt. Die Enteignung nach 1920 beendete die Zeit der deutschen Barone. 1934 lebten noch 21 000 Deutsche in Estland, ehe sie Adolf Hitler 1939 „heim ins Reich" rief, 1944 flohen die letzten. Knapp 50 Jahre sowjetischer Herrschaft haben die Erinnerung an das einst wechselhafte Verhältnis zwischen Deutschen und Esten in das milde Licht der Erinnerung getaucht.

DIE „ESTONIA"

Es war das schwerste Schiffsunglück in der europäischen Nachkriegszeit: Am 28. Sept. 1994 sank die Ostseefähre „Estonia" in einem Herbststurm nachts auf der Fahrt von Tallinn nach Stockholm. 852 Menschen starben. Der Untergang traf die kleine Baltenrepublik schwer: 284 Opfer waren Esten. In fast jeder estnischen Gemeinde gab es Bindungen zu den Opfern, die Besatzung stammte aus Estland, das Schiff gehörte einer estnischen Reederei.

Die Unglücksursache ist bis heute ungeklärt. Zwar benannte der Abschlussbericht die defekte Bugklappe als Auslöser für das Kentern der Fähre, doch andere Experten sprachen von einem Bombenanschlag.

Auftrieb erhielt diese These, als im November 2004 offiziell bestätigt wurde, dass Schwedens Geheimdienst die Fähre für geheime Transporte militärischer Güter aus Russland nutzte. Die „Estonia" hält die Esten noch immer fest. Der 28. Sept. ist ein landesweiter Gedenktag. In vielen Städten, wie in Tartu, Pärnu, Võru oder auf Hiiumaa, stehen Estonia-Monumente.

GENSAMMLUNG

In Tartu bauen Wissenschaftler die weltweit größte Gen-Datenbank auf. Erfasst werden die Angaben zu Krankheitsgeschichten und Erbgutstrukturen aller Esten im Land, etwa 1 Mio. Menschen. Der Vergleich der Daten einer vollständigen Volksgruppe bietet die Chance, die Veranlagung für Erbkrankheiten frühzeitig erkennen zu können. Das Hightech-Orakel soll es Forschung und Biomedizin ermöglichen, neue Medikamente zielgerichtet zu entwickeln. Die Datenverwaltung wird staatlich kontrolliert. Angestrebtes Ziel: Gründung von Biotechfirmen und Ansiedlung ausländischer Unternehmen. Die Esten sind mehrheitlich einverstanden mit der Auswertung ihrer sensiblen Daten.

KALEVS SOHN

Kalevipoeg, der „Sohn Kalevs", ist das Nationalepos Estlands. Es ist vergleichbar mit der deutschen Nibelungensage und ähnelt dem finnischen Nationalepos „Kalevala". Friedrich Reinhold Kreutzwald aus Võru in Südestland hat es ab 1853 erstmals

Protestantisch schlicht: das Innere der Elisabethkirche in Pärnu

schriftlich zusammengefasst. Der *Kalevipoeg* ist eine Sammlung von rund 20 000 Versen aus Sagen, Gedichten und Volksliedern mit Episoden aus dem Leben des mythischen Riesen. In der Legende schleudert Kalevipoeg Felsen nach seinen Gegnern, er gestaltet Landschaften und gründet Städte. Der *Kalevipoeg* bildete im 19. Jh. eine der kulturgeschichtlichen Grundlagen für die Entwicklung des Nationalgefühls der Esten, für die sogenannte „nationale Selbstfindung".

LUTHERTUM UND LEERE KIRCHEN

Estland ist ein protestantisches Land. Die Reformation erreichte Reval schon 1523. Doch trotz des Endes der Sowjetzeit hat es die lutherische Kirche in Estland schwer und kämpft um ihre Position in der neuen Gesellschaft. Zwar unterstützt der Staat die Restaurierung mancher lutherischer Gotteshäuser aus kulturell-staatspolitischen Gründen, doch rechtlich betrachtet ist die Kirche ein Verein wie ein Fußballklub eben auch, mancherorts nur mit weniger Mitgliedern. Knapp 200 000 Esten (etwa 11 Prozent der Bevölkerung) bekennen sich zum lutherischen Glauben, 130 Pastoren betreuen etwa 175 Kirchengemeinden.

Die Zaren brachten ihre Zwiebeltürme nach Estland. Die russisch-orthodoxe Kirche stellt die zweitgrößte Glaubensgemeinschaft im Land, doch insgesamt gehört nur etwa ein Drittel der Bevölkerung einer Religionsgemeinschaft an.

MEHRHEIT UND MINDERHEITEN

Nach den Esten mit 68 Prozent bilden die Russen mit 26 Prozent die größte Bevölkerungsgruppe. Ein belastendes Erbe der „Russifizierung" in der Sowjetzeit. Die Einwanderer passten sich weder sprachlich noch kulturell den Esten an. Russisch war Amtssprache, alles Estnische wurde unterdrückt. Man lebte nebeneinander her. Nach der Unabhängigkeit blieben viele der ungebetenen Gäste. Die Staatsbürgerschaft kann jeder Einwohner erhalten – wenn er die estnische Sprache beherrscht, einen Verfassungseid leistet, Kenntnisse über Geschichte und Kultur Estlands nachweist und mindestens fünf Jahre im Land lebt. So haben 12 Prozent der Bevölkerung immer noch keine Staatsangehörigkeit, 2006 waren das ca. 140 000 Menschen. Sie haben einen Status als „ständige Bewohner"; mit ihrem Fremdenpass *(Välismaalase Pass)* sind sie auch keine EU-Bürger, und ohne Visum geht nichts.

SÄNGERFESTE

Ein Este ohne Gesang? Unvorstellbar. Doch singt er ungern allein. Schulen, Firmen, Behörden, Dörfer – alle haben ihren eigenen Chor. Alle fünf Jahre messen sich die besten Chöre beim großen nationalen Sängerfest, dem *Laulupidu* in Tallinn. Wenn an dessen Ende der Gesang von mehr als 21 000 Stimmen von der gewaltigen Bühne zum Himmel steigt, dann erklingt der wohl größte Chor der Welt. Der Gesang von Alt und Jung gibt dem Gefühlsleben und der Verbundenheit eines kleinen Volkes Ausdruck.

Die Sängerfeste (das nächste findet 2009 in Tallinn statt) sind die wichtigsten nationalen Kulturfeste der Esten. Die ersten Chöre entstanden im 19. Jh. Zum ersten gesamtestnischen Sängerfest 1869 kamen 822 Teilnehmer in die Universitätsstadt Tartu. „Mu isamaa on minu arm" („Mein Vaterland ist meine Liebe") hieß eines der Lieder, die sie auf Estnisch sangen. Geschrieben hat es die Nationaldichterin Lydia Koidula. Heute verwahrt das estnische Literaturmuseum 1,3 Mio. Blätter mit Volksliedern, und Koidulas Lied sollte in sowjetischer Zeit zum Symbol des Beharrens auf der Tradition, der nationalen Identität und der Selbstbestimmung der Esten werden.

SAUNALIEBE

Der Saunabesuch ist für die Esten ein zum Leben gehörendes Ritual. Hier werden Körper, Geist und Seele frei. Die Esten saunieren mit Aufgüssen, und selbstverständlich gehört das „Peitschen" mit Birkenreisig dazu – damit der Kreislauf wirklich anspringt. Es ist nicht selten, dass Gäste zum gemeinsamen Saunagang eingeladen werden. Ein solches Angebot sollten Sie annehmen, denn in Estland lässt sich so manches in der Sauna leichter als auf „offizieller" Ebene besprechen. Übrigens: In Estland kennt man keine gemischte Sauna.

SPRACHMELODIE

Estnisch ist eine finno-ugrische Sprache, mit Finnisch und Ungarisch eine Familie bildend. Mit den baltischen (Lettisch, Litauisch) und slawischen (Russisch, Polnisch) Sprachen hingegen ist sie nicht verwandt. Im Estnischen gibt es weder Futur noch Präpositionen, auch Zischlaute nicht. Dafür umso mehr Vokale, darum klingt die Sprache auch ungemein melodisch. Wer sie als Ausländer lernen will, hat sich viel vorgenommen: Die Grammatik hat nicht nur 14 Fälle auf Lager, sondern noch so einige weitere Hürden.

TIERWELT

Dank seiner dünnen Besiedlung ist Estland ein Naturparadies. In Europa selten gewordene Vogelarten wie Auerhahn und Schwarzstorch finden hier noch ihr natürliches Revier. Durch die weiten, unberührten Hoch-

Estlands unberührte Natur besitzt ideale Reviere für den Einzelgänger Elch

Auch die deutsche, schwedische und russische Sprache haben – wen wundert es bei der von wechselnden Fremdherrschaften geprägten Geschichte des Landes – Eingang in das Estnische gefunden, allein aus dem Niederdeutschen gibt es 2000 Lehnwörter. Ein Beispiel ist der Wachtturm „Kiek in de Kök" in Tallinns Stadtmauer: Ein Wachposten musste schließlich wissen, was in der Küche kochte. Meist war es wohl *supp* …

moore und Wälder ziehen Elche, rund 10 000 sollen es sein. Auch die großen Räuber, einige Hundert Wölfe, Bären und Luchse, stellen dort ihrer Beute nach: Rotwild, Rehen, Wildschweinen. An Flüssen und Seen bauen Biber ihre Burgen, Seehunde aalen sich an der Ostseeküste im Sand. Und im Nationalpark Vilsandi, an den Stränden der Insel Innaharu, versorgen die seltenen Ostsee-Kegelrobben ihren Nachwuchs.

SINGE, WEM GESANG GEGEBEN

Im Frühling und Sommer wird überall im Land gefeiert, gesungen und getanzt

> Esten sind Patrioten und daher stolz auf ihr Land und ihre Unabhängigkeit. Es ist eine Folge ihrer wechselhaften Geschichte, dass sie eigentlich zwei Nationalfeiertage haben. Den Unabhängigkeitstag von 1918 und den Tag der wiedererlangten Freiheit im August 1991. An einem symbolischen Siegestag gedenken sie zudem ihrer Wehrhaftigkeit. Dazu kommen noch die kirchlichen Feiertage. Und wenn es um die Musik geht, kennen die Esten erst recht kein Halten mehr. Sie feiern ihre Trachtenfeste, Chortreffen, Volksmusiktage, Klassik-Konzertfeste oder Pop- und Jazzfestivals zu jeder Jahreszeit.

FEIERTAGE

1. Jan. Neujahr; **24. Feb.** Unabhängigkeitstag – Gründungstag der Republik Estland 1918; **Karfreitag; Ostermontag; 1. Mai** Tag der Arbeit; **23. Juni** Fest des Sieges (*Võidupüha*) – 1919 besiegte die estnische Armee die deutsch-baltische Heimwehr in der Schlacht von Vönnu (Cesis); **24. Juni** Johannistag; **20. Aug.** Tag der wiedererlangten Unabhängigkeit 1991; **25./26. Dez.** Weihnachten

FESTE UND VERANSTALTUNGEN

März
Ende März: Kinder und Jugendmusikfest *Muusikamoos* in Pärnu

April
Anfang April: *Tage der Estnischen Musik* (*www.ehl.kuhl.ee*)
Mitte/Ende April: *Studententage* in Tartu – Highlife in Bars und Discos (*www.studentdays.ee*)
Letzte Woche: internationales Jazzfestival *Jazzkar* in Tallinn (*www.jazzkaar.ee*)

Mai
Ende Mai: internationales *Chorfestival* in Pärnu

Juni
Anfang Juni: *Altstadttage* in Tallinn – Budenzauber, Konzerte, Aufführungen und Trachtenfest

Aktuelle Events weltweit auf www.marcopolo.de/events

> EVENTS
FESTE & MEHR

Mitte Juni: *Grillfest* in Pärnu – Sommer-
party mit Livemusik und Barbecue
23./24. Juni: landesweite nächtliche
Feiern zur *Sommersonnenwende*
mit Johannisfeuern, Speisen, vielen
Getränken und viel Tanz

Juli
Erste Juliwoche: *Biersommer* auf dem
Sängerplatz in Tallinn – die größte
Hopfenfete im Baltikum *(www.olle
summer.ee)*
Mittelalterliche Markttage auf dem
Rathausplatz in Tallinn
Mitte Juli: internationales *Folklore-
festival* in Võru – die Stadt verwandelt
sich für einige Tage in eine Bühne für
Trachten, Volksmusik und Handwerks-
kunst *(www.werro.ee/folkloor.html)*
Mitte Juli: *Watergate* in Pärnu –
Sommerfestival rund ums Wasser
(www.watergate.ee)
Ende Juli: *Operntage* in Kuressaare auf
Saaremaa *(www.operadays.ee)*

August
Mitte August: *Festtage der „Weißen
Dame"* in Haapsalu – Stadtfest rund um
eine Legende
Ende August: *Sommer-Abschlussfest*
der „Sommerhauptstadt" Pärnu –
traditoneller Tanz am Strand – der
Ministerpräsident tanzt ebenfalls mit

September
Mitte September: *Studententage* in
Tartu – Openend in Kneipen und Discos;
Konzerte, Bandwettbewerbe
Ende September: internationales *Fest
der orthodoxen Kirchenmusik* in Tallinn
(www.orthodoxsingers.com)

Oktober
Anfang Oktober: internationales *Festival
alter Musik* in Tartu *(www.festivitas.ee)*

Dezember
Ende November bis Heiligabend: *„Es
weihnachtet in Tartu"*, in der Stadtmitte
Weihnachtsmarkt auf dem Rathausplatz
in Tallinn

> KRÄFTIG, DEFTIG, HERZHAFT

In Estlands Kochtöpfen dreht sich vieles ums Schwein –
aber nicht alles

**> Nein, Feinschmecker haben für die est-
nische Küche nicht am Herd gestanden.
Das Essen erinnert eher an Großmutters
Küche – bodenständig, schmackhaft und
relativ schwer. In der Kochkultur spiegelt
sich die Geschichte des Landes wider.**
Sült – Sülze, Schweinefleisch in
Aspik – wird zumeist mit Sauerkraut
(hapukapsad) gegessen und steht
ganz oben auf dem Speisezettel. Der
Einfluss deutscher Küchenmeister ist
unverkennbar, aber auch russische

Gerichte dampfen in den Töpfen der
Esten. Etwa die *seljanka:* Mit
Fleisch- und Wurstresten, geriebenen
Möhren, gerösteten Zwiebeln, sauren
Gurken, Oliven, Kohl, Gewürzen so-
wie etwas Dill, Zitrone und einem
Schuss saurer Sahne wird diese
Suppe zum aromatischen Erlebnis.
„Jätku leiba" – „Möge Ihr Brot
reichen" – sagen die Esten traditio-
nell, wenn sie einen guten Appetit
wünschen. Das ist Ausdruck einer

Bild: Altja im Lahemaa-Nationalpark

ESSEN & TRINKEN

Zeit, in der der Tisch nicht so reich-haltig gedeckt war wie heute. Die so-genannte Armeleuteküche haben die Esten zur Perfektion entwickelt. Mit allem, was Wald, eigener Garten und Hausschlachtung hergeben, wird ge-zaubert. Sauerkraut, Schweine-fleisch, Würste jeglicher Art, Milch, Quark, Kartoffeln, Roggen, Gerste sowie Beeren und Pilze finden sich in vielen Gerichten. Typisch sind auch Fischspeisen in verschiedenster Zubereitung, vorzugsweise geräu-chert oder mariniert.

Traditionell wird in Estland schon morgens warm gegessen. Pfannku-chen, Kartoffelpuffer oder Rührei stärken den Magen, ab Spätsommer auch Omelett mit frischen Pilzen. Doch alternativ gibt es zu Roggen-brot und Weißbrot Marmelade, Wurst, oft geräucherten Käse. Dazu kommen eingelegte Gurken, Zwie-beln oder Pilze. Steinpilze *(puravik)* und Pfifferlinge *(kukesened)* sind am beliebtesten. Eine besondere Schwäche haben die Esten für *kama,* ein grobes Pulver aus gerösteter Gerste, Hafer und Roggen, Erbsen und schwarzen Bohnen. Es findet sich in vielen Gerichten. Mit Milch oder Buttermilch und Honig verrührt ist es ein beliebter Brei zum Frühstück, mit Kefir vermischt und gekühlt lässt es sich gut trinken. Ansonsten gibt es Tee oder Kaffee. Letzterer hat es in sich. Das Pulver wird direkt in der Tasse aufgebrüht. Das Ganze nennen die Esten nicht türkischen Mokka, sondern stolz

> SPEZIALITÄTEN
Genießen Sie die typisch estnische Küche!

frikadellisupp – Fleischbällchen, mit Gemüse, kleinen Nudeln, Petersilie, Lauch und Dill gekocht

hapukapsabors – Borschtsch mit Sauerkraut

heeringas hapukoore ja sibulaga – Hering mit Schmand und Zwiebeln

hernesupp – Erbsensuppe

kapsarullid – Krautrouladen, mit Hackfleisch gefüllt

kotletid – Frikadellen

kringel – süße Mandelbrezeln

küüslauguleivad – Schwarzbrotscheiben, mit Öl und Knoblauch in der Pfanne gebraten (zur Suppe)

leivasupp – Roggenbrotsuppe mit Honig, Apfelstücken und Rosinen

mulgi kapsad – geschmortes Schweinefleisch mit Sauerkraut und Graupen

mulgi puder pekikastmega – Kartoffelbrei mit Schinkensud

pannkoogid – Pfannkuchen: herzhaft gefüllt mit Fleisch, Kohl, Quark, Pilzen, aber auch süß mit Obst- oder Beerenkonfitüren

pirukad – mit Fleisch und Gemüse gefüllte Teigtasche

praeleib küüslauguga – geröstetes salziges Knoblauchbrot, beliebter Snack zum Bier

rosolje – Salat mit Kartoffeln, Ei, Roter Bete und Matjes oder Hering

saslik – pikante Fleischspieße, oft an Grillständen angeboten

silgurulid – gerollter Strömling mit Möhren, Zwiebeln und Pfeffer. Kommt dem deutschen Rollmops nahe

silgusoust – Sprotten, gebacken in Sauercreme

sült – Sülze (wie in Deutschland)

taidetud basikarind – gefüllter Kalbsbraten

verivorst – Blutwurst, im Ofen geschmort, die mit gekochten Kartoffeln und Heidelbeer- oder Preiselbeermarmelade vor allem zu Weihnachten serviert wird

veskikivid – „Mühlensteine": paniertes Schweinefleisch, gebraten mit Ananas und Kartoffeln

„estnischen Kaffee". Und den gibt's rund um die Uhr.

Die Hauptmahlzeit ist das Mittagessen. Beilagen zu vielen traditionellen Gerichten sind gekochte Kartoffeln oder Kartoffelpüree, häufig mit Dill gewürzt. Generell wird das Essen eher gegart als gebraten. Gekochtes Gemüse jedoch ist selten zu finden. Kohl, Sellerie und Möhren werden wie Gurken, Kürbis und Rote Bete eingelegt oder als Rohkostsalat serviert. Als Vorspeisen stehen meist Suppen auf dem Tisch, abgeschmeckt mit etwas Sauerrahm.

Warme Speisen sind auch abends im Angebot. Beispielsweise mit Fleisch, Quark oder Pilzen gefüllter Pfannkuchen *(pannkoogid)*. Auf jedem Fest dabei ist der *kartulisalad,* Kartoffelsalat mit gekochten Möhren, Erbsen, sauren Gurken, Zwiebeln, Sahne und Mayonnaise.

In allen größeren Städten Estlands hat die estnische Küche internationale Konkurrenz erhalten, wird indisch, griechisch, chinesisch oder koreanisch gekocht. Pizzas, Steaks, Spaghetti, alles ist im Angebot. Speziell in Tallinn ist die Auswahl riesig.

Zum guten Essen gehört in Estland ein Bier. Im Sommer werden überall Bierfeste, „Öllefeste", gefeiert, denn auf ihre Brautradition sind die Esten ziemlich stolz. Die bekanntesten nationalen Biere sind das würzige *Saku Originaal* der gleichnamigen Brauerei und das süßere, schwerere *A. le Coq,* das in Tartu gebraut wird. Auch beliebt sind *Palmse* (Dunkelbier) und *Toolse* (Leichtbier) der Viru-Brauerei. Zum Bier gibt es oft spezielle Snacks, beispielsweise *kuivatatud tindikalad,* kleine ge-

trocknete Fischchen, die sehr salzig schmecken.

Hochprozentiges wie Wodka wird seltener getrunken als in der Sowjetzeit, dafür ist *liköörid* im Kommen, etwa Moosbeerenlikör. Der gängigste Likör heißt *Vana Tallinn:* Dem „Alten Tallinn" mit seinem milden Rumgeschmack verleihen Zitronenöl, Zimt und Vanille Aroma. Die

Was Süßes: Torte mit sommerlichen Beeren

Esten trinken ihn zum Dessert oder bei einer Tasse Kaffee. Wein ist weniger populär. Aber Achtung: Wein heißt *vein* auf Estnisch und nicht *viin.* Das ist Schnaps. Als Erfrischungsgetränk bietet das limonadenähnliche *kali* Säften oder Cola erfolgreich Paroli. Es lässt sich auch schnell selbst herstellen: 2 kg Brot, 10 l Wasser, Pfefferminzstängel, Schwarze Johannisbeerzweige, Honig oder Zucker, 50 g Hefe, Hopfenwasser, Milch – alles mischen und in einem Eimer gären lassen. Wohl bekomm's.

SCHNITZEREIEN UND PULLOVER

Das Angebot an Kunsthandwerklichem ist groß,
und die estnischen Designer sind filigrane Künstler

> Generell bieten die größeren Städte
ein umfassendes Angebot an Einkaufs-
möglichkeiten: Einkaufszentren mit 40
und mehr Geschäften, riesige Super-
märkte und Kettendiscounter finden sich
in Tallinn, Tartu, Narva und Pärnu. Auf
dem Land wird das Angebot schon erheblich kleiner. Dorfläden befinden sich
häufig neben der Tankstelle.
Die Geschäfte sind in der Regel von 9 bis
19 Uhr geöffnet, auch samstags. In Tallinn haben viele Geschäfte und die großen Kaufhäuser sieben Tage die Woche
teilweise bis 23 Uhr offen.

GESTRICKTES
Berühmt sind Estlands Strick- und Woll-
waren. Speziell handgestrickte Pullover
von der Insel Kihnu haben einen Ruf unter Kennern. Ihre Träger sollten allerdings ziemlich unempfindlich, sprich
kratzfest sein. Früher soll jedes Dorf, jede
Insel ein eigenes Strickmuster gehabt
haben – prächtige Zopfmuster, Blumen-
und Schneeflockendesigns –, angeblich
auch deshalb, weil so auf der Ostsee ver-

misste Seeleute leichter identifiziert
werden konnten.
Auf jedem Markt ins Auge fallen auch
Fäustlinge aus Schafswolle mit ihren alt-
hergebrachten geometrischen Mustern
und Farben.

HÖLZERNES & LEDERNES
Wahre Künstler sind die Esten im Um-
gang mit Holz und Leder. Geschnitzte
Bierkrüge, Buttermesser und Holzlöffel
sowie Brotbretter aus Wacholderholz erinnern an die Zeiten ihrer ländlichen Le-
bensweise. Filigrane Schatullen aus Leder oder hauchdünner Birkenrinde sowie
in Leder eingeschlagene Bücher zeugen
von Kreativität und handwerklicher Fer-
tigkeit.

MODISCHES
Schon zu Zeiten des sowjetischen Ein-
heitsgraus galt Mode aus dem Baltikum
als extravagant und avantgardistisch.
Längst haben sich estnische Modedesig-
ner mit ihren jungen Designs auch im
Westen einen Namen gemacht, und

> EINKAUFEN

Schnitte von Ivo Nikkolo oder Nuk Nordik, den Shootingstars des estnischen Edelschneiderszene, sind international begehrt. Das Stöbern in Tallinns Modeläden lohnt sich: Von klassisch stilvoll bis unkonventionell und wild ist alles zu haben. Eine Topauswahl an Modeläden (Bastion, Monton, PTA) gibt es im Shoppingcenter *Viru Keskus (www.virukeskus.com)*.

▨ SCHMÜCKENDES ▧▧▧▧▧▧

Ausgefallen bis avantgardistisch, von den Motiven und Ornamenten der baltischen Volkskunst beseelt: Im estnischen Schmuckdesign verschmelzen Moderne und Tradition. Ob schicker Silberschmuck oder salzglasierte Keramik, Textilien oder buntes Glas – das Angebot ist groß und facettenreich in Estland und von anerkannt hoher künstlerischer Qualität.
Vor allem in Tallinn finden Sie viele Boutiquen, Ateliers und Galerien, die Kunst und exklusiven Schmuck feilbieten. Tipp: die kleinen Gildeläden in der Katharinengasse.

Im Ethnografischen Freilichtmuseum Rocca al Mare gibt es Kunsthandwerkliches aus allen Regionen des Landes. Typisch für die Inseln und als Mitbringsel beliebt sind kleine Vasen und Schmuck aus Dolomit, dem „Saaremaa-Marmor". Ebenso Bernsteinschmuck wird vielerorts angeboten, auch in modernen Formen und mit anderen Naturmaterialien interessant kombiniert. Allerdings ist das „Gold der Ostsee" in Estland nicht so populär wie etwa in Litauen – und auch nicht ganz so preiswert.

▨ SÜFFIGES & SÜSSES ▧▧▧▧▧

Wollen Sie etwas fürs leibliche Wohl mit nach Hause nehmen, dann ist hochprozentig Aromatisches ein geeignetes Mitbringsel. Die Esten haben ein Faible für Fruchtliköre und den Rumlikör *Vana Tallinn* – ein Kultgetränk. Natürlich gibt es auch Wodka: *Viru Valge* und *Saaremaa* heißen die estnischen Sorten.
An Süßigkeiten sollten Sie Pralinen oder Schokolade der Traditionsmarke *Kalev* einpacken.

> LEBENDIGE STADT MIT HANSESTÄDTISCHEM FLAIR

Estlands Kapitale restauriert ihren mittelalterlichen Kern –
und die Region blüht langsam auf

**KARTE IN DER HINTEREN
UMSCHLAGKLAPPE**

> Tallinn [117 E–F1] ist der Esten ganzer
Stolz. Aus (sowjet)grauer Städte Mauern
hat es sich binnen weniger Jahre befreit,
daraus gewachsen ist eine der schönsten
Hauptstädte Europas: eine quirlige, skan-
dinavisch und auch wieder sehr hansisch
anmutende Metropole, in der Mittelalter
und Moderne miteinander verschmelzen.
In engen, verwinkelten Kopfstein-
pflastergassen spazieren Besucher

wie durch ein Freilichtmuseum histo-
rischer Baukunst, bewundern die
akribisch restaurierten Fassaden alter
Handelshäuser. Doch die Gebühren
der Parkuhren und auch das Ticket
für den Stadtbus zahlt man hier mit
dem Handy – typisch Tallinn. Der
Glanz des alten Reval, der einstigen
Hansestadt, spiegelt sich heute wider
in den blank geputzten Fenstern der
Altstadt *(Vanalinn)*. Gotik, Renais-
sance, Barock, Klassizismus – 700

Bild: Tallinn

TALLINN & UMGEBUNG

Jahre Architekturgeschichte stehen hier wie zusammengewürfelt.

Tallinns Altstadt ist zweigeteilt. Die Oberstadt, der Domberg *(Toompea)*, gilt als ursprünglicher Stadtkern. Hier um die alte Ordensburg und die Domkirche wohnten einst die Adligen und der Klerus. Von dort schauten sie herab auf die aufblühende Unterstadt zu den hanseatischen Kaufleuten und Handwerkern. Eine befestigte Mauer trennte beide Teile der Altstadt voneinander, die 1997 als komplettes Ensemble in das Weltkulturerbe der Unesco aufgenommen wurde.

Mehr als 30 Museen sowie viele Baudenkmäler bereichern den Stadtkern. An hellen Sommertagen geben die vielen Straßencafés in den Gassen und auf dem Rathausmarkt das Gefühl, in einer mediterranen Stadt zu flanieren. Restaurants, Galerien und Kunsthandwerksläden in Torbögen und Seitengassen faszinieren durch ihre Vielfalt. Und in den in mittelalterlichen Gewölben versteckten Kneipen, Clubs, Musikbars und Jazzkellern pulsiert szeniges Nacht-

Menschen, überwiegend Russen. Sie stellen etwa 40 Prozent aller Bewohner Tallinns. Nur im Osten Estlands und in Paldiski ist die Überfremdung höher. Ausführliche Informationen

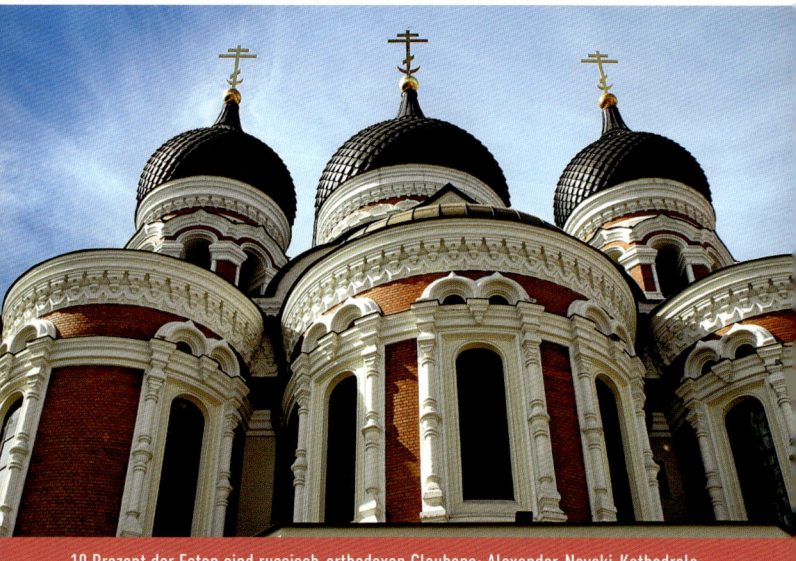

10 Prozent der Esten sind russisch-orthodoxen Glaubens: Alexander-Nevski-Kathedrale

leben. In einem Ring um den Altstadtkern hat sich das Geschäftsleben einer „neuen Hanse" etabliert: Einkaufszentren, Hotels, Medien, Banken. Tallinn als politisches und wirtschaftliches Zentrum besitzt Magnetwirkung auf ganz Estland. Mit knapp 400 000 Ew. lebt fast ein Drittel der Landesbewohner in der Hauptstadt. Doch die Stadt hat noch eine andere Seite: die Trabantenstädte. Insbesondere die Richtung Narva gelegene Plattenbausiedlung *Lasnamäe* bietet ein Bild sozialistischer Tristesse. In den Wohnsilos leben ca. 100 000

liefert Ihnen der MARCO POLO Band „Tallinn" (erscheint im März 2009).

■ SEHENSWERTES ■■■■

Führungen durch die Altstadt mit deutschsprachiger Begleitung können Sie bei der *Touristinformation (Niguliste 2/Kullassepa 4)* buchen. Preis: pro Stunde etwa 350 Kronen (mind. 1,5 Std.). Einen Audioguide in deutscher Sprache kann man für 4 Stunden mieten, Preis: 280 Kronen.

Die (großenteils verkehrsberuhigte) Altstadt lässt sich am besten zu

Fuß erkunden. Wo Sehenswürdigkeiten etwas außerhalb des Stadtzentrums liegen, sind die Straßenbahn- *(tram)* und Buslinien angegeben. Ausgangspunkt ist hier der Viru-Platz *(Viru väljak)* am Rand der Unterstadt, an dem sich die meisten Tramlinien kreuzen und wo sich im Untergeschoss des neuen *Einkaufscenters Viru Keskus* auch der Innenstadt-Busbahnhof befindet. Viele Busse halten auch am Freiheitsplatz *(Vabaduse väljak)*.

BESATZUNGSMUSEUM (OKUPATSIOONIDE MUUSEUM)

In einem modernen gläsernen Gebäudekomplex hat Estland seine schmerzliche Geschichte unter der Herrschaft der Nationalsozialisten und der Sowjets von 1939 bis 1991 dokumentiert. Audiovisuell und durch Fotos werden Unterdrückung und Widerstand beleuchtet und gezeigt, wie die die Menschen in dieser schwierigen Zeit zurechtkamen. *Toompea 8 | Di–So 11–18 Uhr | www. okupatsioon.ee*

DOMBERG (TOOMPEA) ⭐

Der Domberg ist das Wahrzeichen der Stadt. Auf ihm befand sich einst eine befestigte Siedlung der alten Esten, bevor die Dänen und danach der Deutsche Ritterorden hier eine Burg errichteten. Die imposanteste Sehenswürdigkeit auf dem steilen Kalkfelsen ist die mittelalterliche *Ordensburg*, von der ein Teil dem Barockschloss von Zarin Katharina II. weichen musste. Heute ist es Sitz des estnischen Parlaments *Riigikogu (Lossi plats 1a)*. Von der im 13./ 14. Jh. erbauten Burg ist an ihrer Südwestecke als größter Turm der 48 m hohe „Lange Herrmann" *(Pikk Hermann)* erhalten geblieben. Auf ihm weht stolz die estnische Flagge. *Führungen durch die Burg Mo–Fr 10–16 Uhr | Anmeldung bei der Parlamentsverwaltung | Tel. 631 63 57 u. 631 63 45 | maria.laatspera@riigi kogu.ee und kaido.tee@riigikogu.ee*

Gegenüber vom Parlament ragt die orthodoxe *Alexander-Nevski-Kathedrale (tgl. 8–19 Uhr)* mit ihren fünf schwarzen Zwiebeltürmen em-

MARCO POLO HIGHLIGHTS

⭐ **Domberg (Toompea)**
Die Herrschenden wollen immer auf den Domberg – der Ausblick ist so schön (Seite 33)

⭐ **Stadtmauer (Linna müür)**
Trotzte einst den Feinden und bietet nun schöne Plätzchen für Museen und Cafés (Seite 37)

⭐ **Katharinental (Kadriorg)**
Zar Peter baute es als Super-Sommerdomizil für seine Gattin (Seite 35)

⭐ **KUMU (Eesti Kunstimuuseum)**
Spannend und spektakulär: die größte Kunstsammlung des Baltikums (Seite 36)

⭐ **Rocca al Mare**
Estland wie aus dem Bilderbuch, aber doch mehr als ein Museum (Seite 47)

⭐ **Lahemaa-Nationalpark (Lahemaa rahvuspark)**
Ein Naturparadies an der Ostsee mit wilden Tieren und schönen Gutshäusern (Seite 45)

por. Der gewaltige Kirchenbau sprengt die Harmonie der Domberg-Architektur. Mit seiner Errichtung (1894–1900) dokumentierte der Zar seinen Machtanspruch. Sonntagsfrüh verschafft sich Russland Gehör, dann hallt die mächtige, mit 15 t schwerste Glocke Estlands über der Oberstadt.

In Rufweite entfernt steht die mächtige *Domkirche (Toom kirik)*. Die lutherische Hauptkirche Estlands aus dem 13. Jh. *(im Sommer Di–So 9–17 Uhr | im Winter 9–15 Uhr)* zählt zu den ältesten Gotteshäusern des Landes. 107 Wappenschilde deutsch-baltischer Adelsfamilien wie derer von Stackelberg oder derer von Manteuffel zieren die Innenwände.

Einen wunderbaren Panoramablick auf die Unterstadt mit ihren Türmen, den Rathausplatz, den Hafen und die Tallinner Bucht ermöglicht der ☀ *Aussichtspunkt am Ende der Kohtu-Straße.* Von dort sieht man zugleich die neue City mit ihren Wolkenkratzern emporwachsen. Ein ebenso faszinierender Blick auf die Stadtmauer, die St.-Olai-Kirche und die Kopli-Halbinsel bietet sich am ☀ *Ende der Rahukohtu-Straße.* Von dort führt die 1903 gebaute *Patkulsche Treppe* in die Unterstadt.

Auf dem gesamten Domberg findet sich Geschichte pur. Die einstigen Stadthäuser des deutsch-baltischen Adels in der Kohtu-Straße dienen heute als Botschaften oder Museen. Das *Stenbockhaus (Rahvakohtu 3)* ist Sitz der Regierung. Im Haus der Estländischen Ritterschaft *(Eestimaa Rüütelkonna maja | Kiriku plats 1)* war bis 2006 das Estnische Kunstmuseum *(Eesti Kunstimuuseum)* untergebracht.

ESTNISCHES ARCHITEKTURMUSEUM (ARHITEKTUURIMUUSEUM)

Im ehemaligen Rotermann-Salzlager, einem imposanten Kalksteingebäude, erläutert eine fundierte Dauerausstellung die Geschichte des estnischen Bauens. *Ahtri 2 | Mi–So 12–20 Uhr | www.arhitektuurimuuseum.ee*

ESTNISCHES HISTORISCHES MUSEUM (AJALOOMUUSEUM)

Das Museum im Haus der Großen Gilde befasst sich mit der Geschichte Estlands, zeigt Münzen, Gemälde und andere Exponate zur Landesgeschichte. *Pikk 17 | Do–Di 11–18 Uhr | www.eam.ee*

ESTNISCHES MUSEUM FÜR KUNST UND DESIGN (TARBEKUNST) ▶▶

In einem schönen alten Kornspeicher zeigen estnische Künstler fantastische Kreationen aus Glas, Keramik, Leder und Metall sowie Schmuck vom Beginn des 20. Jhs. bis heute. *Lai 17 | Mi–So 11–18 Uhr | www.etdm.ee*

FERNSEHTURM (TELETORN) ☀

Inside Tipp

In 170 m Höhe genießen Sie von der Aussichtsplattform des 1980 gebauten Fernsehturms einen hervorragenden Blick über Altstadt, Hafen, aber auch über die grauen Wohnsilos von Lasnamäe. Interieur und Restaurant oben im Tower spiegeln noch heute sozialistischen Charme wider. *Kloostrimets 58a | tgl. 10–1 Uhr | Tel. 623 82 50 | www.teletorn.ee | Buslinie 34, Haltestelle Kloostrimetsa*

GILDEHÄUSER

Die Gildehäuser legen Zeugnis ab vom Wohlstand und Einfluss der

Kaufleute und der Handwerker zu Zeiten der Hanse. In der *Olai-Gilde (Pikk 24)* kamen die schwedischen und estnischen Handwerker zusammen. Im Gebäude befindet sich ein großer gotischer Saal, der Zugang liegt im Schwarzhäupterhaus. Im *Haus der Schwarzhäupterbruderschaft (Mustapeade Vennsakona maja | Pikk 26)* trafen sich die unverheirateten deutschen Kaufleute. Auf Höhe des Erdgeschosses zieren die Wappen der Hansekontore Brügge, Novgorod, London und Bergen die Hausfassade. In der *Kanuti-Gilde (Pikk 20)* waren die deutschstämmigen Handwerker vereint. Das 1410 gebaute *Haus der Großen Gilde (Suurgildi hoone | Pikk 17)*, in dem sich heute das Estnische historische Museum befindet, war Treffpunkt der mächtigsten Kaufleute.

KATHARINENTAL (KADRIORG)

Knapp 2 km vom Stadtkern entfernt liegt das Schloss Katharinental. Zar Peter I. ließ den Barockpalast ab 1718 zu Ehren seiner Gattin Katharina I. errichten – der Bau dauerte beinahe 20 Jahre. Heute ist hier das *Museum für ausländische Kunst* untergebracht *(Väliskunsti Muuseum | Okt.–April Mi–So 10–17 Uhr, Mai–Sept. Di–So 10–17 Uhr | www.ekm.ee)*.

Im früheren Kanzleigebäude der Schlossanlage residiert der estnische Präsident. Auch ein Spaziergang im Blumengarten oder im weitläufigen Schlosspark mit seinen alten Bäumen und dem symmetrischen Schwanenteich lohnt. *Weizenbergi 37 | Tramlinien 1 und 3 bis zur Endstation direkt am Park; Buslinien 1, 19, 29, 29a, 34a, 38, 44 ab Busbahnhof am Viru, Haltestelle J. Poska*

Einst ein wahrhaft königliches Geschenk: Schloss Katharinental

KUMU (EESTI KUNSTIMUUSEUM) ⭐

Der spektakuläre neue Hotspot der Tallinner Kulturlandschaft. Schon äußerlich zieht der futuristisch-spitzwinklige Bau, ein Werk des finnischen Architekten Pekka Vapaavuori, alle Blicke auf sich. Hinter der Kalksteinfassade birgt das Kunstmuuseum auf sieben Stockwerken und 15 000 m² die größte Kunstsammlung des Baltikums – fast 60 000 Bilder, Grafiken, Plastiken, Drucke. Vor der Eröffnung des KUMU Anfang 2006 waren sie in Ausstellungen und Kirchen in und um Tallinn verstreut. Das Museum steht am Rand des Parks Kadriorg. Schön ist der Blick von der ☀ **Aussichtsplattform unterm Dach**. *Weizenbergi 34 | Okt.–April Mi–So 10–17 Uhr, Mai–Sept. Di–So 10–17 Uhr | www.ekm.ee | Tramlinien 1 und 3 bis Endstation Kadriorg; Buslinien 1, 19, 29, 29a, 34a, 38, 44 ab Busbahnhof am Viru, Haltestelle J. Poska*

LATEINERVIERTEL (DOMINIIKLASTE KLOOSTRI)

Das *Dominikanerkloster* (1246) gilt als ältester erhaltener Gebäudekomplex Tallinns. Vom Kloster existieren noch der Hof und Teile der Kreuzgänge, Speicher, Gebetskapelle, Dormitorium, Kapitelsaal und Fragmente der Katharinenkirche. Heute enthält es ein Museum, in dem mittelalterliche Steinmetzarbeiten zu sehen sind *(Dominiiklaste Kloostri Muuseum | Vene 16 | Mitte Mai–Sept. tgl. 11–16 Uhr | www.hot.ee/kloostri)*. Der von Bögen überwölbte *Katharinengang (Katariina käik)* am Kloster ist Heimat etlicher Künstlerwerkstätten.

MITTELALTERLICHE KIRCHEN

Tallinn ist eine Stadt beeindruckender Kirchtürme. Die *St.-Olai-Kirche (Oleviste kirik)* erreichte um 1500 eine Turmhöhe von 159 m und war seinerzeit eines der höchsten Gebäude Europas. Nach einem Feuer wurde der ☀ Turm 124 m hoch wieder aufgebaut. Der Aufstieg ist anstrengend, der grandiose Blick jedoch belohnt. *Lai 50 | April–Okt. tgl. 10–18 Uhr*

Deutsche Kaufleute errichteten im 13. Jh. die *St.-Nikolai-Kirche (Niguliste kirik)*. Sie beherbergt heute ein Museum mittelalterlicher Kirchenkunst, in dem auch das Fragment „Totentanz" (spätes 15. Jh.) des Lübecker Malers und Holzschnitzers Bernt Notke ausgestellt ist. Ihre Akustik macht die Kirche zu einem idealen Konzertsaal. *Niguliste 3 | Mi–So 10–17 Uhr | www.ekm.ee*

Die *Heiliggeistkirche (Pühavaimu kirik)*, deren Kirchenschiff seit dem Bau im 14. Jh. unverändert blieb, ist in der Geschichte Estlands von besonderer Bedeutung. Hier hielten im 16. Jh. Pfarrer die ersten Predigten auf Estnisch. Der wertvolle Flügelaltar von 1483 mit 57 biblischen Szenen stammt ebenfalls aus der Werkstatt des Lübecker Meisters Notke. Die verzierte Holzuhr an der Außenwand ist übrigens der älteste öffentliche Zeitmesser in Tallinn. *Pühavaimu 2 | April–Okt. tgl. 10–15 Uhr*

Die orthodoxe *St.-Nikolai-Kirche* war im Mittelalter die Kirche der russischen Kaufleute, die um die Vene-Straße (= Russenstraße) ihre Quartiere hatten. Das jetzige Gebäude wurde erst um 1825 errichtet. *Vene 24 | tgl. 9.30–17 Uhr*

> **www.marcopolo.de/estland-tallinn**

TALLINN & UMGEBUNG

RATHAUSPLATZ, RATHAUS (RAEKOJA PLATS, RAEKODA)

Viele Jahrhunderte war der mit Kopfstein gepflasterte Platz vor dem historischen Rathaus Marktplatz und mas) seit 1530 als Wetterfahne über die Stadt wacht. Der Ausblick über die Altstadt ist herrlich *(Mai–Aug. tgl. 11–18 Uhr)*. Auch das stilvoll eingerichtete Rathaus selbst ist einen

Einst schoss die „Dicke Margarethe" aus allen Rohren, kam man der Stadtmauer zu nah

der zentrale Ort, an dem man Feste feierte und Gericht hielt. Heute ziehen im Sommer die Straßencafés, die Freiluftkonzerte sowie die Handwerker- und Mittelaltermärkte die Menschen an. Im Winter bezaubert ein wundervoller Weihnachtsmarkt.

Das *Rathaus* ist das einzige unversehrte gotische Rathaus Nordeuropas. Seit 1404 hat es seine heutige Gestalt. Eine spiralförmige Treppe führt die Besucher hoch in den achteckigen ✹ *Rathausturm,* auf dessen Spitze der Landsknecht und Stadtwächter „Alter Thomas" (Vana Too-

Besuch wert – es lässt ahnen, wie eine reiche Hansestadt regiert wurde. Gegenüber werden in der *Ratsapotheke (Raeapteek | Raekoja plats 11)* – der ältesten noch tätigen Apotheke Europas – seit 1422 Medikamente ausgegeben.

STADTMAUER (LINNA MÜÜR) ⭐

Die Befestigungen bildeten ursprünglich einen geschlossenen Verteidigungsring. Im 16. Jh. besaß Tallinn das mächtigste Bollwerk in Nordeuropa: 3 m dick, 16 m hoch, 46 Türme. Die Hälfte des einst 4 km langen Mauerrings ist erhalten geblieben, ebenso 26 Türme. An einigen Stellen ist die Anlage begehbar: Nonnenturm, Badestubenturm und der „Goldene Fuß" sind inklusive Wehrgang für Besucher zugänglich (*Gümnaasium 3 | Mai–Aug. Mo–Fr 11–19 | Sa/So 11–16 Uhr*). Doch Vorsicht: Es geht über enge Treppen steil aufwärts.

Sehenswert sind auch der Kanonenturm *Kiek in de Kök (Kommandandi 2)*, was so viel wie „Guck in die Küche" heißt. Ferner der *Mägdeturm (Neitsitorn | Lühike jalg 9a)*, in dem man heute im ☆ *Café Neitsitorn (Tel. 644 08 96 | €)* in rustikaler, angenehmer Atmosphäre einen Kaffee oder Glühwein genießen kann. Der kleine, versteckte Platz davor mit den alten Laubbäumen und dem schönen Ausblick auf die Unterstadt heißt ☆ ▶▶ *Garten des dänischen Königs (Taani Kuninga aed)* und ist Treffpunkt für Jugendliche, die dort Gitarre spielen und singen. Man gelangt zu ihm über den Lühike Jalg. Zur Seeseite imponieren als Doppelturm die *Große Strandpforte* und die *Dicke Margarethe (Paks Margareeta | Pikk 70)*: Der Kanonenturm mit 155 Schießscharten beherbergt heute das *Estnische Museum für Seefahrt (Meremuuseum | Mi–So 10–18 Uhr)*.

Insider Tipp TALLINNER STADTMUSEUM (TALLINNA LINNAMUUSEUM)

Die in einem restaurierten Patriziergebäude befindliche Ausstellung zeigt alle Aspekte der Entwicklung Tallinns multimedial. Mit lebensgroßen Modellen und klangvollen Effekten wird hier die mittelalterliche Gesellschaft wieder lebendig. *Vene*

17 | Mi–Mo 10–17 Uhr | www.linna muuseum.ee

THEATER- UND MUSIKMUSEUM (TEATRI- JA MUUSIKMUUSEUM) ▶▶

Ein kleines, unscheinbares Museum in der Stadtmauer, randvoll mit klingenden Gerätschaften der estnischen Musikgeschichte – von Birkenhörnern bis zu archaischen Saiteninstrumenten, dazu diverse historische Geigen, Klaviere, Leierkästen und eine große Schallplattensammlung. Sehens- und vor allem hörenswert. Interessant ist auch die dem estnischen Theater gewidmete Ausstellung. *Müürivahe 12 | Mi–So 10–18 Uhr | www.tmm.ee*

▰ ESSEN & TRINKEN ▰

BALTHASAR

In der Küche dieses mittelalterlich gestylten Restaurants am Rathausplatz dreht sich alles um ein Thema: Knoblauch. Sogar passendes Eis zum Dessert gibt's. Sehr originell. *Raekoja plats 11 | Tel. 627 64 00 | www.restaurant.ee | €€*

LA BONAPARTE

Tallinns Gourmetadresse. Französische Eleganz mit leicht nordischem Einschlag hinter der Fassade eines Handelshauses aus dem 17. Jh. Die Küche: Haute Cuisine vom Feinsten. Eigener Weinkeller und nebenan das gleichnamige Café, eines der besten der Stadt. *Pikk 43/45 | Tel. 631 17 55 | www.bonaparte.ee | €€€*

✗ EESTI MAJA

Insider Tipp

Es liegt ein wenig versteckt, und das Interieur ist schlicht. Aber das Essen ist original estnische Küche. So ori-

„Ein Wildschwein, bitte!" Tafeln wie im Mittelalter im Olde Hansa

ginal, dass sogar die Esten mit ihren Gästen gern dort essen. *Lauteri 1 | Tel. 645 52 52 | www.eestimaja.ee | €€*

KLOOSTRI AIT ▶▶

Gemütliches Kneipenrestaurant mit Kamin, der schon wegen seiner Größe eine behagliche Wärme ausstrahlt. Treffpunkt vieler estnischer Künstler. Die Musik ist dezent jazzig. *Vene 14 | Tel. 641 83 74 | www.kloostriait.ee | €€*

OLDE HANSA

Essen und Trinken wie im Mittelalter. Die Speisekreationen sind interessant: Probieren Sie z. B. den Elchteller und dazu einen Becher Met. Rustikale Einrichtung, flackernde Kerzen und Fackeln im dunklen Gebäude sowie die musikalische Untermalung und die Trachten des Personals versetzen die Gäste in eine andere Zeit. Eine Voranmeldung ist ratsam. *Vanaturg 1 | Tel. 627 90 20 | www.oldehansa.com | €€–€€€*

PEPPERSACK

Auch dieses Eventrestaurant hat es mit dem Mittelalter. Abends zeigen Schwertkämpfer ihr Können im Umgang mit dem etwas längeren Messer. *Viru 2/Vanaturu 6 | Tel. 646 68 00 | www.peppersack.ee | €€€*

RESTAURANT Ö

„Ö" heißt auf Schwedisch Insel. In gepflegtem Ambiente kann man auf dieser hervorragende internationale Küche mit individueller Note genießen, so z. B. Schwanz vom Mönchsfisch in einer Zitronengrassauce oder Rehfilet mit Sellerie-Zwiebelkuchen an Blaubeersauce. *Mere 6e | Tel. 661 61 50, www.restoran-o.ee | €€€*

TRISTAN JA ISOLDE

Kleines, gemütliches Café in den Gewölben unter dem alten Rathaus – verwinkelt, dunkel und mit warmem Kerzenschein auf den kleinen Tischen. *Raekoja Plats 1 | Tel. 644 08 18 | €€*

TROIKA

Das beste russische Restaurant Tallinns ist nicht nur der hauchzarten Blini mit Kaviar und Sahne, sondern schon des Interieurs wegen eine

Tallinn ist wieder postkartentauglich

Empfehlung. Die Stimmung: sehr russisch. Oft Livemusik. *Raekoja plats 15 | Tel. 627 62 45 | www. troika.ee | €€*

▮ EINKAUFEN ▮

Die Haupteinkaufsstraße in der Altstadt mit vielen kleinen Geschäften ist die Viru-Straße. Doch das größte Angebot in der Innenstadt findet man im Einkaufszentrum *Viru Keskus,* das mit dem Kaufhaus *Kaubamaja* durch eine gläserne Brücke verbunden ist. *Viru väljak 4/6 u. Gonsiori 2 | tgl. 9–21 Uhr*

ANTIKVARIAAT ▶▶

So ziemlich das Beste, was einem Sammler bibliophiler Schätze in Tallinn passieren kann. *Uus 11 | tgl. 10–18 Uhr*

BOGAPOTT

Estnische Keramik direkt aus der Werkstatt – wer nichts kaufen will, schaut den Töpfern bei der Arbeit zu. *Pikk jalg 9 | tgl. 10–18 Uhr | www. bogapott.ee*

IVO NIKKOLO

In der Boutique des Edelschneiders, derzeit einer der angesagtesten Modedesigners Estlands, gibt es vorwiegend klassische Schnitte aus edlen Stoffen, aber auch Extravagantes für die junge Kundschaft. Nicht billig. (Auch eine Filiale in Pärnu.) *Suur-Karja 14 | Mo–Fr 10–19, Sa 10–17, So 10–16 Uhr | www.ivonikkolo.com*

KATHARINENGILDE (KATARIINA GILD) ▶▶ *Inside Tipp*

Die „Gilde" besteht aus einem Dutzend Frauen, die sich auf der Kunsthochschule kennenlernten und beschlossen, ein eigenes Projekt aufzuziehen. Gern lassen sich die Töpferinnen, Tuchmacherinnen und Gerbereinnen bei der Arbeit zuschauen, und natürlich ist Kunst hier auch käuflich *(Vene12/Kateriina Käik | tgl. 11–18 Uhr).*

LÜHIKESE JALA GALERII ▶▶

Stilvolle Galerie mit der ganzen Palette estnischer Handwerkskunst. *Lühike jalg 6 | Mo–Fr 10–18, Sa/So 10–17 Uhr*

WOLLMARKT

Wer zwischen handgestrickten Pullovern, Schals und Mützen in traditionell baltischen und skandinavischen Mustern stöbern möchte, ist auf dem Wollmarkt längs der Stadtmauer richtig. *Viru und Müürivahe | tgl. 9–17 Uhr*

❯ *www.marcopolo.de/estland-tallinn*

■ ÜBERNACHTEN

DOMINA ILMARINE
Schmale Suiten über zwei Ebenen. Das reizvolle Hotel ist eine umgebaute Fabrik. *155 Zi. | Põhja 23 | Tel. 614 09 00, 614 09 01 | www.domina hotels.com | €€€*

KOLM ÖDE (DIE DREI SCHWESTERN)
2003 eröffnetes 5-Sterne-Hotel. Drei aneinander gebaute Kaufmannshäuser aus dem 14. Jh. wurden restauriert und mit Designermöbeln ausgestattet. *23 Zi., Pikk 71 | Tel. 630 63 00 | Fax 630 63 01 | www. threesistershotel.com | €€€*

MERITON OLD TOWN HOTEL
Schönes, ruhiges Hotel in einem renovierten Gebäude vom Ende des 19. Jhs. Ein Teil der Stadtmauer ist in das Hotel integriert. *79 Zi. | Lai 49 | Tel. 614 13 00 | Fax 614 13 11 | www.meritonhotels.com | €€*

OLEVI RESIDENCE
Stilvolles kleines Hotel in renoviertem Gebäude aus dem 14. Jh. in der Altstadt. *45 Zi., davon 8 economy (ohne Fenster) | Olevimägi 4 | Tel. 627 76 50 | Fax 627 76 99 | www. olevi.ee | €€ – €€€*

PIRITA CONVENT
Die Zimmer (Einzel bis Dreibett) im modernen Gästehaus des Piriria-Klosters, betrieben von den Nonnen des katholischen Brigitten-Ordens, sind sehr schlicht, aber man schläft hier himmlisch ruhig! Es sei denn, in

> BÜCHER & FILME
Immer schwingt die Liebe zu Land und Leuten mit

> **Das Leben des Balthasar Rüssow** – Jaan Kroos, der große alte Mann der estnischen Literatur, thematisiert in diesem historischen Roman den Freiheitskampf im Livland des 16. Jhs.

> **Tod in Reval** – Wunderschöne Geschichten aus Reval, heute Tallinn, aufgeschrieben von dem gebürtigen Rigaer Werner Bergengruen.

> **Die Estonia** – Die Journalistin Jutta Rabe hat die tragische Schiffskatastrophe recherchiert. Hoch spannend, auch wenn viele Fragen offen bleiben.

> **Estland, mon amour** – Regisseurin Sibylle Tiedemann folgt den Spuren ihres Bruders, der auf mysteriöse Weise in Estland ums Leben kam. Die sensible Dokumentation (2004)

gerät trotz des ernsten Themas zu einer Liebeserklärung an das Ostseeland und seine Bewohner.

> **Revolution der Schweine** – Thema dieses in Estland viel diskutierten Films (2004) von René Reinumägi und Jaak Kilmi ist eine antisowjetische Jugendrevolte gegen parteitreue Erwachsene in einem Zeltlager Mitte der 80er-Jahre.

> **Grüße aus Sowjet-Estland!** – Der Dokumentarfilm (2005) von Urmas Eero Liiv kontrastiert sowjetische Wochenschauen und Propagandastreifen aus den 50er- bis 70er-Jahren mit den Erzählungen dreier estnischer Dissidenten: einer Nonne, eines heutigen EU-Abgeordneten und eines Emigranten.

der historischen Klosterruine nebenan findet gerade ein Rockkonzert statt. *20 Zi. | Pirita (ca. 7 km nordöstlich des Zentrums an der Ostsee) | Merivälja tee 18 | Tel. 605 50 00 | Fax 605 50 10 | www.osss.ee | € | Buslinien 1, 1A, 8, 34, 38*

REVAL EXPRESS HOTEL
Nahe am Hafen, modern und hell. In wenigen Minuten ist man in der Altstadt. *163 Zi. | Sadama 1 | Tel. 667 87 00 | Fax 667 88 00 | www.revalinn.com | €€*

SAVOY BOUTIQUE HOTEL
Luxushotel mitten in der Altstadt, 2006 im Art-déco-Stil kunstvoll renoviert, Zimmer mit allem Komfort,

einige mit Balkon. Das hauseigene Restaurant *L'Arancia* serviert vorzugsweise mediterrane Spezialitäten. *43 Zi. | Suur Karja 17/19 | Tel. 680 66 88 | www.savoyhotel.ee | €€€*

SCHLÖSSLE
Das Schlössle war Estlands erstes 5-Sterne-Hotel. Es liegt in einem ruhigen Teil der Altstadt. *23 Zi. | Pühavaimu 13 | Tel. 699 77 00 | Fax 699 77 77 | www.schlossle-hotels.com | €€€*

TALLINK CITY HOTEL
Eines der neuen Tallinner Großhotels, modern und komfortabel, am Rand der Altstadt gegenüber vom Einkaufszentrum Viru Keskus. *332*

> BLOGS & PODCASTS
Gute Tagebücher und Files im Internet

> *http://estland.blogspot.com* – Sehr informativer, aktueller Themenmix von den Klippen der „ästnischen" Sprache bis zu architektonischen Blütenträumen im „neuen Tallinn"

> *http://eesticast.podspot.de* – Wie viele Handys besitzt der durchschnittliche Este? Können Esten, als zurückhaltend bekannt, auch Witze erzählen? Auf solche gewichtigen Fragen bekommt man hier Antwort, außerdem Podcasts und MP3-Downloads

> *www.ipod.wcities.com/city/tallinn* – Tallinn-Tipps: Konzerte, Veranstaltungen, Shopping, die neuesten Bars usw. zum Download auf den iPod

> *http://makersting.blog.com* – Unterhaltsames Tagebuch eines in Tallinn

lebenden Deutschen. Alltagserlebtes von der hintergründigen Betrachtung des Sängerfestes Laulupidu bis zur Geburtstagsparty unter Polarlicht

> *www.estlandia.de/video.html* – Interessante Video-Files aus YouTube, z. B. eine Tallinn-Präsentation, ein Film einer privaten Reise durch Estland und historische Bilder vom August 1989

> *http://de.wordpress.com/tag/estland/* – Blog von WordPress, hier tummeln sich Eesti-Fans von Journalisten bis zu Studenten der Uni Tartu

> *www.podster.de/tag/estland* – Podcast-Portal: Adventskalender, Küchengespräche, studentische Liebe, estnische Schokolade ...

Für den Inhalt der Blogs & Podcasts übernimmt die MARCO POLO Redaktion keine Verantwortung.

Zi. | Laikmaa 5 | Tel. 630 08 00 | Fax 630 08 10 | *www.hotels.tallink.com* | €€

ESTNISCHE NATIONALOPER (RAHVUSOOPER ESTONIA)

Die Esten haben ein Faible für „große Kultur". Für ihre National-oper gewinnen sie auch Weltstars. Oper, Ballett, Performances. *Estonia 4 | Tel. 683 12 60 | www.opera.ee*

GLORIA VEINIKELDER

In die Stadtmauer integrierter Wein-keller mit romantischen Winkeln. Darüber befindet sich das exklusive *Gloria-Restaurant (€€€)* im Art-déco-Stil. *Müürivahe 2 | Tel. 644 88 46 | www.gloria.ee*

GUITAR SAFARI ▶▶

Raue, rockige Kellerbar mit Live-bands im Rock- und Countrystil. *Müürivahe 22*

KARJA KELDER

Wagenräder als Kerzenhalter und viel Holz. Gemütliche Altstadt-Kel-lerkneipe für gereiftere Gäste. Große Palette an Biersorten. *Väike-Karja 1 | www.karjakelder.ee*

PEGASUS

Aus dem zu Sowjetzeiten beliebten Künstlertreff hat der neue irische Be-sitzer ein trendiges Café-Restaurant im 60er-Jahre-Look gemacht. Etwas kühl, aber angesagt. *Harju 1 | Tel. 631 40 40 | www.restoranpegasus.ee*

RESTAURANT-BREWERY BEER HOUSE

Quicklebendige Kneipe, in der gleich drei verschiedene Biere gebraut wer-den. Auch das Oktoberfest feiert man hier. Livemusik am Wochenende, Disko im 2. Stock. *Dunkri 5 | www.beerhouse.ee*

Altstadt: moderne Läden in alten Mauern

SCOTLAND YARD
Riesige rustikale Kellerkneipe mit mehreren stilvollen Bars und Pubs am Rand der Altstadt. In der Zigarrenlounge steht ein Aquarium mit Piranhas, die die Haie unter den Gästen schocken sollen. Das Personal trägt Polizeiuniform. *Mere 6e | www.scotlandyard.ee*

Insider Tipp VON KRAHLI BAAR ▶▶
Gegenüber dem Theater in der Altstadt ist diese Bar Tallinns Zentrum für „alternative" Musik von Rock bis Reggae. *Rataskaevu 10 | www.von krahl.ee*

◼ AUSKUNFT ◼
TOURISTENINFORMATION
Niguliste 2/Kullassepa 4 | Tel. 645 77 77 | Fax 645 77 78 | www.tourism.tallinn.ee

Hier erhältlich: die *Tallinn-Card,* mit der Sie freien Eintritt zu 40 Museen und Sehenswürdigkeiten haben und die öffentlichen Verkehrsmittel kostenlos nutzen können, auch eine Stadtrundfahrt ist im Angebot enthalten. Etliche Restaurants und Geschäfte geben Rabatt. Die Karte gibt es in mehreren Varianten zwischen 6 Stunden (130 Kronen/8 Euro) und drei Tagen (450 Kronen/29 Euro). Erhältlich auch in Reisebüros und den meisten Hotels. *www.tallinn card.ee*

◼ ZIELE IN DER UMGEBUNG ◼
AEGNA [118 A1]
Reif für die Insel? Setzen Sie über nach Aegna! Eine Stunde braucht das Schiff vom Fährterminal Linnahall hinüber auf das gerade mal 2,9 km² große Eiland am Rand der Tallinner

Käsmu im Lahemaa-Nationalpark wurde einst „Dorf der Kapitäne" genannt

TALLINN & UMGEBUNG

Bucht, zu sowjetischen Zeiten streng abgeschirmte Marinebasis, heute Inselidylle pur mit Steilküste und Strand. Das Schiff fährt zweimal täglich, die Passage kostet umgerechnet 3 Euro. Wer länger als einen Tag bleiben will: Auf Aegna gibt es auch ein kleines Hostel.

KEILA JOA – WASSERFALL UND LANDSCHAFTSPARK [117 E1]

Gut 60 m breit und 6 m hoch ist der Wasserfall, der etwa 40 km westlich von Tallinn hinabstürzt. Auf der Küstenstraße entlang der Strände von Vääna-Jõesu und der ❄ Steilküste *Türisalu pank,* mit wunderbarem Ostseeblick von 30 m hohen Kliffen, gelangt man dorthin. Der Wasserfall selbst liegt in einem 25 ha großen klassizistischen Landschaftspark mit 80 verschiedenen Baumarten. Direkt neben dem Wasserfall steht das einstige Herrenhaus des Grafen von Benckendorff. Als sowjetische Kasernenanlage hat das Gebäude schwer gelitten. Derzeit wird es restauriert.

LAHEMAA-NATIONALPARK (LAHEMAA RAHVUSPARK) ⭐ [118 B-C1]

Der Nationalpark Lahemaa („Buchtenland") liegt etwa 80 km östlich von Tallinn und erstreckt sich von der Fernstraße 1 Tallinn–Narva bis zur Küste. Er umfasst vier Halbinseln, die fingerartig in die Ostsee hineinragen; *Loksa* und *Võsu* sind seine größten Orte. Die wunderschöne Wald-, Moor- und Küstenlandschaft können Sie zu Fuß entdecken. Es gibt sieben Lehrpfade in dem etwa 730 km² großen Gebiet.

Im Park sind einige restaurierte Herrenhäuser zu bewundern, bei-

spielsweise das barocke Gutshaus in Palmse mit weitläufigem Park, Sommerpavillon und Schwanenteich. In Palmse hat die Nationalparkverwaltung in einem Seitengebäude ein *Infozentrum* eingerichtet *(Tel. 329 55 55 | www.lahemaa.ee).* Übernachten können Sie neben dem Gutshof im *Park-Hotel (27 Zi. | Tel. 322 36 26 | Fax 323 41 67 | www.phpalmse.ee | €€).*

Auch der Gutshofkomplex Sagadi und die Gutsanlage Vihula sind sehenswert. In Sagadi befindet sich ein *Hotel-Restaurant (14 Zi. | Sagadi Vihula vald | Tel. 322 88 88 | Fax 325 88 00 | www.sagadi.ee | €€).* Etwas preiswerter, aber ebenso gemütlich schläft man auf dem *Gutshof Vihula (12 Zi. | Tel. 322 69 85 | Fax 325 25 12 | www.vihulamois.ee | €€).*

Ein Muss in Lahemaa ist das Fischerdorf *Altja* mit seinen Bauernhöfen und der reetgedeckten Dorfschänke *Altja Kõrts (Tel. 325 86 81 | €€).* Dort kann man preiswert und gut estnisch essen. Baden können Sie bei Altja oder am schönen Strand von Võsu. Auch Käsmu ist einen Abstecher wert. Das einstige Kapitänsdorf beherbergt heute ein *Meeresmuseum (Meremuuseum | tgl. rund um die Uhr | www.kasmu.ee).*

Direkt an der Fernstraße in Viitna liegt das bei den Esten sehr populäre Restaurant *Viitna Kõrts.* Das Haus besteht aus grob behauenen Baumstämmen, serviert wird in traditioneller Kleidung. Das Essen ist toll, die Preise niedrig *(Viitna | Tel. 325 86 81 | www.restoran.ee/viitna | €–€€).*

Da Lahemaa auf jeden Fall einen mehrtägigen Besuch wert ist, hier noch einige weitere Übernachtungs-

möglichkeiten – zum Beispiel das
kleine Hotel *Sinikorall* in *Võsu* mit
Kamin in der Halle *(8 Zi. | Metsa 3 |
Tel. 323 84 55 | www.sinikorall.ee |
€€).* Für mehr als einen Tag empfiehlt sich auch ein Quartier im außergewöhnlichen *Kuusiku* in *Viitna.*
Die Ex-Managerin Sirje Kuusik bietet individuelle Führungen durch den
Nationalpark und Bastelkurse in est-
nischem Kunsthandwerk an *(6 Zi. |
Lääne-Virumaa | Tel. 515 35 73 |
www.kuusikunaturefarm.ee | €–€€).*
Auf dem Reiterhof *Mätta* können Sie

Insider Tipp

übernachten oder auch halbtägige
Ausritte in den Nationalpark buchen
*(4 Zi. | Vihula vald | Tel. 325 27 50 |
www.ratsatalu.ee | €).*

NAISSAAR   [117 E1]
Die „Fraueninsel" ist die sechstgrößte Insel Estlands und liegt 10 km
vor Tallinn, sie ist unbewohnt und ein
beliebtes Ausflugsziel der Hauptstäd-
ter. Festungsruinen aus dem 18. Jh.
sowie eine wunderschöne Wald- und
Küstenlandschaft locken. Drei Wanderwege sind für Radler und Wanderer markiert. Von Pirita aus fahren im
Sommer Boote in 50 Minuten dort-
hin *(Sa/So 11.30 u. 12.30 Uhr | 180
Kronen, Fahrrad 50 Kronen |
www.saartereisid.ee, www.naissaare
reisid.ee).*

PAKRI   [117 D1]
40 km westlich von Tallinn liegt die
Pakri-Halbinsel mit dem Ort *Paldiski.* Direkt hinter Paldiski beginnt
eine ✹ traumhafte Steilküste, die
vielleicht schönste Estlands. Der
Blick übers Meer ist unbeschreiblich.
Um dorthin zu gelangen, durchque-
ren Sie Paldiski und fahren in Richtung Leuchtturm. *(Touristeninforma-
tion: Sadama 9 | Tel. 679 06 00).*
Trotz ihrer Naturschönheiten ist die
Halbinsel ein für Touristen eher un-
gewohnter Platz, auch wenn Paldiski
(4000 Ew.) ein schon viel freundli-
cheres Erscheinungsbild hat als Mitte
der 90er-Jahre, als die russische Armee abzog: Unter den Sowjets war
Pakri Sperrgebiet und U-Boot-Basis.
Am Ortseingang von Paldiski
schockt immer noch das verfallende
Pentagon, das einstige Ausbildungs-
zentrum für U-Boot-Fahrer.

TALLINN & UMGEBUNG

PIRITA   [117 E1]

Der kleine Ort an der Tallinner Bucht (3 km östlich) besitzt einen feinen Sandstrand, einen Yachthafen und etliche Hotelanlagen. Hier wurden bei den Olympischen Spielen von Moskau 1980 die olympischen Segelwettbewerbe ausgetragen. Das *Pirita Top SPA-Hotel* im Olympiazentrum ist komplett renoviert und besitzt ein Feuer zerstörten *Brigittenklosters (Pirita klooster | tgl. 10–18 Uhr | www.piritaklooster.ee)* vorbei. Auf dem Gelände finden regelmäßig Rockkonzerte sowie ein traditioneller Jahrmarkt statt.

ROCCA AL MARE ⭐   [117 E1]

10 km westlich vom Stadtzentrum Tallinns entstand in den 60er-Jahren

Ein sehr lebendiges Museum! Folklore im Freilichtmuseum Rocca al Mare

eine Schwimmhalle, Saunen und eine Sporthalle *(201 Zi. | Regati 1 | Tel. 639 86 00 | Fax 639 88 21 | €€– €€€)*. Surfen bei *Pro Surf (Merivälja 1a | www.paap.ee)*; Ruderbootverleih auf dem Fluss Pirita: *Kloostri 6 | tgl. 10–22 Uhr*

Knapp 4 km vom Altstadtkern Tallinns entfernt kommen Sie an der Straße nach Pirita an den beeindruckenden Ruinen des im 16. Jh. durch auf dem Steilufer der Kopli-Bucht das *Estnische Freilichtmuseum Rocca al Mare*. Rund 90 Bauernhäuser, Fischerhütten, Windmühlen, Ziehbrunnen und landwirtschaftliches Gerät aus allen Gegenden Estlands wurden hier aufgestellt. Eine Dorfschänke ist in Betrieb, und es gibt Folkloreveranstaltungen, Bastelkurse und vieles mehr. *Vabaõhumuuseumi 12 | tgl. 10–18 Uhr | www.evm.ee*

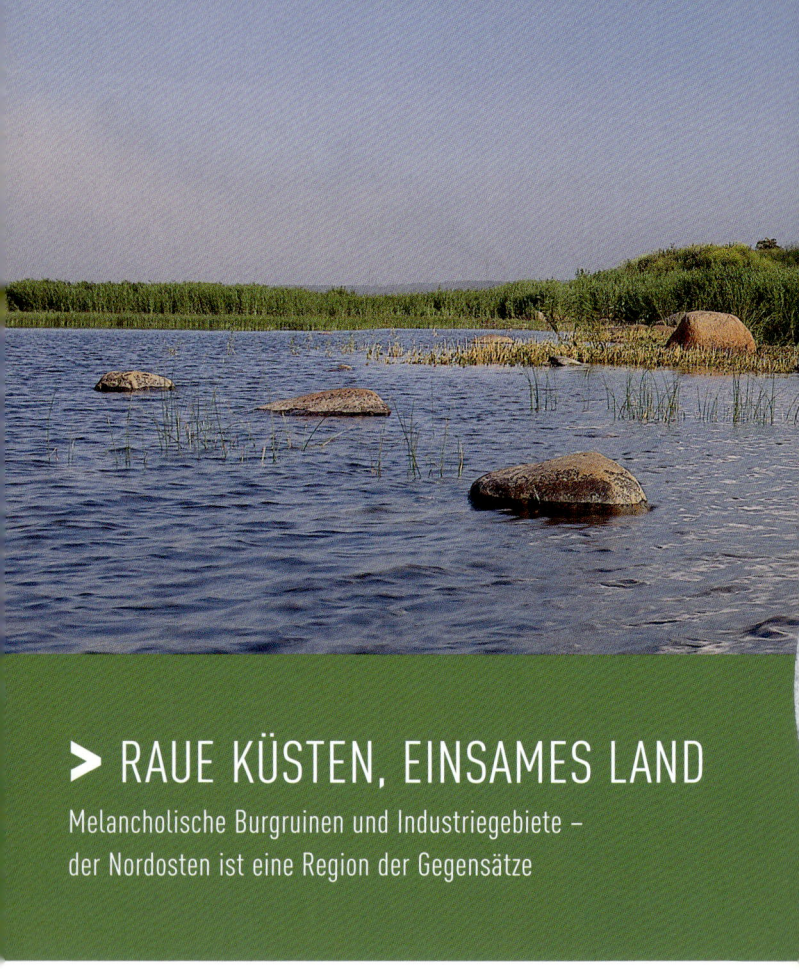

> RAUE KÜSTEN, EINSAMES LAND

Melancholische Burgruinen und Industriegebiete –
der Nordosten ist eine Region der Gegensätze

> Der Nordosten Estlands unterscheidet sich in vielem vom übrigen Land. Etwa 260 000 Menschen leben in den Landkreisen Lääne-Virumaa, Ida-Virumaa und in Narva. Je weiter man durch das flache Gebiet auf der Fernstraße 1 Richtung Osten fährt, umso größer wird der Anteil der russischen Bevölkerung. Schon 30 km hinter Lahemaa ist der nordöstliche Teil der Region gekennzeichnet von Zementfabriken, von Ölschieferhalden, Tagebau und qualmenden Schloten.

Wesentlich schönere Plätze gibt es dagegen an der Küste: Steilküsten mit Kiefernhainen, hinabstürzende Wasserfälle und lang gezogene, feine Sandstrände. Und auf den wenigen Straßen Richtung Süden zum Peipussee entfaltet sich dann eine wunderbare, einsame Landschaft mit Wäldern, Mooren und Seen. Die wenigen und zudem kleinen Dörfer wirken wie Inseln in einem großen, grünen Meer.

Bild: Ordensburg Toolse

DER NORDOSTEN

NARVA

 KARTE IN DER HINTEREN UMSCHLAGKLAPPE

[119 F2] **Die geschichtsträchtigste Stadt der Region liegt am gleichnamigen Grenzfluss und ist Estlands Vorposten zu Russland.** Über 90 Prozent ihrer 70 000 Ew. sind Russen. Symbolhaft stehen sich hier direkt an der Narva mit der estnischen Hermannsfeste und der Burg Ivangorod auf russischer Seite zwei mächtige mittelalterliche Festungen gegenüber. Sie markieren die Kultur- und Wirtschaftsgrenze zwischen Ost und West, und hier in Narva grenzt auch die EU an Russland. Narvas barocke Stadtarchitektur aus der Schwedenzeit galt einst als die schönste im Ostseeraum. Davon ist nicht viel geblieben: 1944 war Narva schwer umkämpft, nahezu alle Häuser wurden zerstört. Heute prägen Plattenbauten das Stadtbild.

■ SEHENSWERTES ■

ALEXANDERKIRCHE (ALEKSANDRI KIRIK)

Mit großem finanziellem Aufwand unterstützt der estnische Staat den Wiederaufbau der im Zweiten Weltkrieg zerstörten Kirche. Der achteckige Bau von 1884 fasste einst

HERMANNSFESTE (HERMANNI LINNUS) ⭐

Es waren Dänen, die die Festung Ende des 13. Jhs. gründeten. Ordensritter gaben ihr den Namen und bauten sie um, später erweiterten die Schweden das Bollwerk. 1492 er-

Linkes Ufer: Estland mit der Hermannsfeste. Rechtes Ufer: Russland mit der Feste Ivangorod

2500 Menschen und war die Werkskirche der Textilfabrik Kreenholm *(Stichstraße zu Grafovi/1.Mai).* ❀ Am Ende der Grafovi-Straße hat man eine schöne Aussicht auf die beiden Festungen und die Narva.

AUFERSTEHUNGSKIRCHE

Die prachtvolle russisch-orthodoxe Kirche aus dem Jahr 1890 blieb im Krieg unversehrt. *Grafovi/Bastrakovi | tgl. ab 9 Uhr*

BASTIONEN

Acht alte schwedische Befestigungswerke (errichtet ab 1681) mit den verpflichtenden lateinischen Namen Victoria, Honor, Gloria, Fama, Triumph, Pax, Justitia und Spes umgeben die Altstadt.

richteten die Russen die Feste *Ivangorod* am anderen Narva-Ufer. Peter der Große schließlich nahm 1704 Narva und die Hermannsfeste ein. Im Zweiten Weltkrieg schwer beschädigt, wurde die Festung in den 50er- und 60er-Jahren wieder aufgebaut. Der *Lange Hermann (Pikk Hermann)* ragt rund 50 m in die Höhe. Den besten Blick auf die russische Seite und die unterhalb der Feste befindliche Grenzbrücke über die Narva hat man vom ❀ hölzernen Wehrgang an der Außenseite dieses Turms. Im Inneren des Turms ist das *Stadtmuseum (Narva Muuseum)* untergebracht.

KREENHOLM-MANUFAKTUR

Fast unbeschadet hat das Kreenholm-Viertel im Süden Narvas auf der Insel

Kreenholm die Wirren der Zeit überstanden. Die backsteinroten Ziegelbauten der Textilmanufaktur und die darum platzierten Wohnungen der Mitarbeiter sind anschauliches Beispiel für eine Industriearchitektur, wie man sie im 19. Jh. als zukunftsweisend ansah.

NARVA MUUSEUM

Im Pikk Hermann werden in fünf Sälen Sammlungen zur Geschichte Narvas gezeigt. Besonders interessant ist die Fotoaustellung, die das frühere Narva dokumentiert. *St. Peterburi 2 | Di–So 10–18 Uhr | www.narvamuu seum.ee*

NARVA MUUSEUM KUNSTI GALERII

Exponate zur Stadtgeschichte, so die Sammlung des Kaufmanns Sergej Lavrecov, der hier im 19. Jh. lebte. *Vestervalli 21 | Mi–So 10–18 Uhr*

RATHAUS

Neben der Hermannsfeste und zwei weiteren Häusern in der Altstadt (Koidula 3a und 6) ist allein das wieder errichtete, über 300 Jahre alte barocke Rathaus am Rathausplatz *(Raekoja plats)* als Erinnerung an das alte Narva geblieben. Gebaut hatte es der Lübecker Baumeister Georg Teuffel.

ESSEN & TRINKEN

GERMAN PUB

Nicht wirklich german und eigentlich auch kein Pub, aber ein gemütliches Kellerrestaurant, in dem man sehr gut und günstig essen kann. Große Speisekarte, und wer Lust auf ein „german beer" hat: Hier bekommt er es. *Pushkini 10 | Tel. 359 15 48 | www.germanpub.ee | €€*

KING

Im Hotelrestaurant beim alten Rathaus strahlt ein Kamin Gemütlichkeit aus. Exzellente estnische und europäische Küche. *Lavretsovi 9 | Tel. 359 20 75 | €€*

RONDEL

Schönes Restaurant in der Vorburg der Hermannsfeste, entsprechend rustikal eingerichtet, im Sommer sitzt man am besten draußen mit schönem Blick über den Fluss. Beliebt bei Reisegruppen. *Peterburi mnt. 2 | Tel. 359 92 57 | €€*

ÜBERNACHTEN

ETAPP HOTEL

Etwa 300 m von der Hermannsfeste entfernt in der Innenstadt gelegen. Bewachter Parkplatz. *13 Zi. | Lavretsovi 5 | Tel. 359 33 33 | Fax 359 13 33 | www.hot.ee/etapp | €€*

MARCO POLO HIGHLIGHTS

★ **Hermannsfeste (Hermanni linnus)**
Beim Burgenbauen übertrafen sich Russen und Ordensritter (Seite 50)

★ **Kloster Pühtitsa**
Mehr als 100 Nonnen leben abseits des Trubels in ihrer eigenen Welt (Seite 52)

★ **Toolse**
Ein Hauch von Romantik umweht die Ruine der Ordensburg (Seite 55)

★ **Ontika panke**
Urwüchsige Natur an der Küste, Wasserfall inklusive (Seite 53)

KING

Schmuckes, hübsch eingerichtetes Hotel in einem restaurierten eingeschossigen Altstadtgebäude aus dem 17. Jh. *23 Zi.* | *Lavretsovi 9* | *Tel./Fax 357 24 04* | *www.hotelking.ee* | €€

gebaut. Unter kundiger Führung können Sie sich die harte Arbeit der Bergleute in den Stollen (auf Englisch) erklären lassen. Die Fahrt mit der kleinen Lorenbahn ist ein Abenteuer für sich. Das Museum organi-

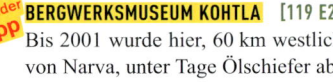

1,6 km Stollen kann man im Bergwerksmuseum Kohtla besichtigen

NARVA HOTELL

Größtes Hotel in der Stadt. 2004 komplett renoviert. *48 Zi.* | *Puškini 6* | *Tel. 359 96 00* | *Fax 359 96 03* | *www.narvahotell.ee* | €€–€€€

siert noch mehr, z. B. Alpinski auf den bis zu 170 m hohen Abraumhalden. *Jaama 1* | *Kohtla-Nõmme* | *Mo–Fr 10–17, Sa/So 10–15 Uhr* | *Tel. 332 40 17* | *www.kaevanduspark.ee*

■ AUSKUNFT ■

TOURISTENINFORMATION
Puškini 13 | *Tel. 356 01 84* | *Fax 356 01 86* | *www.narva.ee*

■ ZIELE IN DER UMGEBUNG ■

Insider Tipp
BERGWERKSMUSEUM KOHTLA [119 E2]
Bis 2001 wurde hier, 60 km westlich von Narva, unter Tage Ölschiefer ab-

KLOSTER PÜHTITSA ★ [119 E2]
In dem 1892 gegründeten russisch-orthodoxen Kloster leben heute etwa 100 meist russische Nonnen. Mit ihren fünf Zwiebeltürmen ist die *Uspenskij-Kathedrale* das mächtige Zentrum der von einer Mauer umgebenen Anlage. Im Klostergarten steht der „Heilige Baum", eine Eiche mit

4,30 m Stammumfang. Das Kloster liegt etwa 70 km südwestlich von Narva in einer einsamen, waldreichen Landschaft beim Dorf Kuremäe und ist nur über den Ort Jõhvi erreichbar. *www.orthodox.ee*

Auf dem Weg nach Pühtitsa berührt man das *Kurtna-Seengebiet (Kurtna järvistu)*, das rund 40 kleine Seen umfasst und von etlichen Wanderwegen durchzogen wird.

ONTIKA PANKE ★ ☘ [119 E2]

Mit 56 m Höhe ist die Steilküste bei *Ontika* die höchste in ganz Estland. Hier stürzt auch der *Wasserfall Valaste* in die Ostsee (an der Straße nach Toila östlich von Ontika auf das Schild „Valaste Oja" achten). Am imposantesten ist der Wasserfall im Frühling und im Herbst, im Sommer geht ihm oft das Wasser aus.

Insider Tipp

Auf etwa 20 km Länge von Toila (46 km westlich von Narva) bis Saka erstreckt sich das Kliff mit grandiosen Ausblicken über die Ostsee. Im Kiefernwald bei Saka steht an der Steilküste ein renoviertes Hotel mit Fahrradverleih, eigener Treppe zum Strand und zehn Anschlüssen für Caravan-Reisende, das *Saka Cliff Hotel & Spa (33 Zi. | Saka Mõis | Tel. 336 49 00 | Fax 336 49 01 | €€)*.

Insider Tipp

TOILA-ORU [119 E2]

Das Schloss bei Toila, 46 km westlich von Narva, war früher der Sommersitz des estnischen Präsidenten, ehe es im Krieg zerstört wurde. Geblieben ist neben der Ruine der baumreiche Schlosspark. Am Rand des Parks liegt das ☘ *Toila Spa Hotel* mit einem vielfältigen Urlaubsangebot und herrlichem Blick auf die

Küste, der für die etwas renovierungsbedüftigen Zimmer entschädigt *(159 Zi. | Ranna 12 | Tel. 334 29 00 | Fax 334 29 01 | www.toilasanatoorium.ee | €)*. Im Ort Toila gibt es einen feinen Sandstrand und gute Fischgerichte im *Fregatt (Pikk 18 | Tel. 336 96 47 | €)*.

RAKVERE

[118 C2] **Der Ort (17 000 Ew.) steht ganz im Zeichen der mächtigen Burgruine des deutschen Ritterordens.** Schon 1302 er-

>LOW BUDGET

> *Suitsukala* heißt Räucherfisch, und den gibt es frisch und supergünstig in den kleinen Dörfern am Nordostufer des Peipussees. Einfach zwischen Kauksi und Mustvee auf die Verkaufsstände an der Straße achten. Ob Forelle oder Lachs: einfach lecker!

> Auf der *Ordensburg Rakvere* kann man in das Mittelalter eintauchen: Nägel schmieden, Bogenschießen, Töpfern auf althergebrachte Art. Mutige testen die Folterkammer. Im Sommer gibt's auf der Bühne oft Konzerte. Das Ganze für einen Obolus, der kaum erwähnenswert ist. *Juni–Aug. Mi–So 11–19 Uhr, Sept.–Mai 11–17 Uhr | www.svm.ee*

> Auf dem *Campingplatz Kauksi Rand* südlich von Kauksi, dem malerischen Dorf am Peipussee mit einem der schönsten Strände Estlands, kann man sich auch ohne Zelt günstig einquartieren: in einfachen Holzhütten, pro Person und Nacht für 55 Kronen. *Kauksi pk 138 | Tel. 339 38 35 | www.hot.ee/kauksirand*

Der Auerochse ist das Symbol von Rakvere

steht unweit der Ordensburg das Monument eines Auerochsen. In der ältesten Straße, der *Pikk,* sieht man noch viele verzierte Holzhäuser.

◼ SEHENSWERTES

BÜRGERHAUS-MUSEUM (LINNAKODANIKU MAJAMUUSEUM)

Das Leben der Stadtbewohner Rakveres vor 100 Jahren wird hier in Wort und Bild dokumentiert. *Pikk 50* | Di–Sa 11–17 Uhr

ORDENSBURG ◔

Die mächtige Ruine auf dem *Wallberg* mit ihren drei verbliebenen Türmen und dem riesigen Eingangstor wurde im 13. Jh. von den Dänen als Festung gegründet. Deutsche Ritter bauten sie um 1350 zur Ordensburg aus. Dänen, Deutsche, Schweden, Russen und Polen herrschten 400 Jahre in der Burg. Zu Beginn des 17. Jhs. wurde sie zerstört, ihre Mauern teils als Baumaterial abgetragen. *Vallimägi* | *Mai–Sept. Di–So 10–17 Uhr* | *www.svm.ee*

◼ ESSEN & TRINKEN

OLD VICTORIA

Very british Estonia! Ein schöner Pub mit einem großen Sommergarten, aufgetischt wird estnisch-englische Kost. *Tallinna 27* | *Tel. 322 53 45* | €

RESTORAN NORDI ÖLLETUBA

Schmackhafte estnische Küche. *Tallinna 68* | *Tel. 324 27 52* | €

◼ ÜBERNACHTEN

HOTEL WESENBERGH

Angenehmes Hotel, 500 m vom Stadtkern, mit gutbürgerlichem Res-

hielt Rakvere, eine der ältesten Städte Estlands, das Stadtrecht. In Vorzeiten befand sich hier eine Festung namens Tarvanpea (*tarvas* heißt Auerochse); in Erinnerung daran

taurant. *37 Zi.* | *Tallinna 25* | *Tel. 322 34 80* | *www.wesenbergh.ee* | *€€*

VILLA THERESA
Beschauliche Unterkunft in einem Holzhaus am Rand der Stadt. *7 Zi.* | *Tammiku 9* | *Tel. 322 36 99* | *Fax 322 34 32* | *www.villatheresa.ee* | *€*

■ AUSKUNFT
TOURISTENINFORMATION
Laada 14 | *Tel./Fax 324 27 34* | *www.visitestonia.com* | *www.rakvere.ee*

■ ZIELE IN DER UMGEBUNG
KILTSI [118 C3]
Etwa 25 km südlich von Rakvere liegt das Schlossensemble Kiltsi, das einst der Familie von Krusenstern gehörte und heute eine Schule ist. Adam Johann von Krusenstern war 1803–06 der erste russische Weltumsegler. Hier verfasste er den „Atlas der Südsee". Im Schloss erinnert die Admiralsstube an das Werk des Entdeckers und Generaladmirals. *Mo/Di 8–13, Mi–Fr 8–19, Sa/So 11–19 Uhr* | *Führungen unter Tel. 325 34 11* | *kilt sipk@v-maarja.ee*

TOOLSE ★ ☀ [118 C1]
An der Ostseeküste, 25 km nördlich von Rakvere, ragen die romantischen Ruinen der Ordensburg Toolse empor. Um 1470 auf einer Landzunge errichtet, wurde die Burg im Nordischen Krieg des 18. Jhs. zerstört. Drei Türme blieben. Die Relikte erinnern an die Stimmungen auf den Gemälden Caspar David Friedrichs.

Das Gefühl, auf einer herrschaftlichen Burg zu leben, vermittelt das etwa 20 km östlich von Toolse bei Aseri an der Ostsee gelegene exklusive *Schlosshotel Kalvi Mõis* (*28 Zi.* | *Tel. 339 53 00* | *Fax 339 53 01* | *www.kalvi-hotel.com* | *€€€*). **Insider Tipp**

TURMBURG VAO [112 C3]
Der dreistöckige Schutzturm aus dem 14. Jh., etwa 20 km südlich von Rakvere beim Gut Vao, sicherte einst die Straße. Der Turm ist heute ein Museum, das Leben und Geschichte des Gutes, auf dem einst die deutsch-baltische Familie von Rennenkampff residierte, dokumentiert. *15. Mai–Aug. Do–So 11–18 Uhr* | *www.v-maarja.ee*

> WALDBRÜDER
Verstecke estnischer Freiheitskämpfer sind nun Museen

Ein besonderes Kapitel der estnischen Geschichte ist der Kampf der Waldbrüder, der *Metsavennad*, gegen die sowjetische Herrschaft ab 1939/40. Bis weit in die 50er-Jahre hinein lebten versteckt in den dichten Wäldern, in Erdbunkern und Höhlen etwa 20 000 Esten. Massen-deportationen ab 1949 und die Zwangskollektivierung der Landwirtschaft entzogen ihnen die Hilfe der Landbevölkerung. Etliche gaben auf, kamen nach Sibirien, viele wurden getötet. Der letzte Freiheitskämpfer ergab sich 1978. Über das Wald- und Bunkerleben kann man sich auf Führungen informieren – auch im 28 km südlich von Rakvere gelegenen Distrikt Väike-Maarja-Vald (*Väike-Maarja i-Centre* [118 C3] | *Tel. 326 16 25* | *muuseum @v-maarja.ee*).

> ROMANTISCHE INSELN UND WEISSE STRÄNDE

Pärnu ist die Strandperle im Westen Estlands;
die Inselwelt fasziniert durch ihre Urwüchsigkeit

> Der Westen Estlands ist Küstengebiet – das Leben an und mit der See formt die Menschen und das Land. Gerade die Inseln haben ein starkes eigenes Gepräge.
Abseits städtischer Hektik leben die größten, Saaremaa (Ösel) und Hiiumaa (Dagö), ihr eigenes Tempo. Sie sind bekannt für ihren eigenwilligen Menschenschlag. Die Landschaft ist durchsetzt mit Windmühlen, reetgedeckten Bauernhäusern, verschlafenen Fischerdörfern. Die gesamte Inselwelt wurde als Unesco-Biosphärenreservat „Westestnische Inseln" unter Schutz gestellt. Mittelpunkt der Region ist Pärnu. Dort sowie in den Landkreisen Saaremaa, Hiiumaa, Läänemaa, Pärnumaa und Teilen von Raplamaa leben 180000 Menschen.

HAAPSALU
[116 C3] Von der Ostsee umspült wird das auf einer schmalen Landzunge liegende

Bild: Strand von Pärnu

DER WESTEN

Haapsalu (12 000 Ew.), das bereits 1279 Stadtrecht erhielt. Zu Zarenzeiten entwickelte sich der Ort zum Kurort des St. Petersburger Adels. 1825 wurde das erste Moorbad eröffnet, und neben der Zarenfamilie kam auch der Komponist Peter Tschaikowsky zu Besuch. Die Holzarchitektur, die Gassen der Altstadt und die schöne Uferpromenade lassen noch heute vieles vom Flair eines Seebads des 19. Jhs. verspüren.

◼ SEHENSWERTES ◼
BISCHOFSBURG, DOMKIRCHE (PIISKOPILINNUS, TOMKIRIK)

Die Attraktion der Stadt bilden die Ruinen der 1265 errichteten Bischofsburg mit ihren gewaltigen Mauern und die *Domkirche.* Die größte einschiffige Kathedrale im Baltikum ist komplett erhalten. Im August sind bei Vollmondlicht im Fenster der Taufkapelle angeblich die Umrisse einer Frau zu sehen. Die Legende von der „Weißen Dame" beflügelt die Fantasie der Betrachter und den Tourismus. Der Aufstieg in den ✹ Turm der Stadtmauer wird mit einem tollen Blick über Stadt und Meer belohnt. *Lossi plats | 15. Mai– 15. Sept. Di–So 10–18 Uhr*

Holzhäuser dominieren weite Teile des Stadtbilds von Haapsalu

Insider Tipp EISENBAHNMUSEUM (EESTI RAUDTEEMUUSEUM) ▶▶

Das Museum ist allein wegen des über 200 m langen, überdachten hölzernen Bahnsteigs einen Besuch wert. 1906 gebaut, nur um dem Zaren die Ankunft angenehm zu gestalten, durchweht ein Hauch von Nostalgie den Säulengang. *Raudtee 2 | Mi–So 10–18 Uhr | www.jaam.ee*

KURSAAL (KUURSAAL) ✹

Schön renovierter, verzierter Holzsaal aus dem Jahr 1898, der heute ein *Restaurant (Tel. 473 55 05 | €€)* beherbergt, unmittelbar an der See gelegen und von einem Meer aus Rosen umgeben. *Promenaadi 1 | Mai–Sept. | www.kuursaal.ee*

SCHWEDEN-MUSEUM (RANNAROOTSI MUUSEUM)

Das Museum zeigt die Geschichte der schwedischen Bevölkerung in Westestland. Die Schweden verließen das Land im Herbst 1944. *Sadama 32 | April–Sept. Di–Do 10–18 Uhr; Okt.–März Mi–So 10–16 Uhr | www.aiboland.ee*

■ ESSEN & TRINKEN
GRAND HOLM MARINA ▶▶

Dinieren mit Blick auf den Yachthafen. Sehr gut isst man hier Fisch, ein Hit ist der Rhabarberkuchen. Große Terrasse. *Westmeri 3 | Tel. 565 28 87 | www.grandholmmarina.ee | €€*

HERMANNUSE MAJA

Kleines, mit einem bunten Sammelsurium aus exotischen Mitbringseln eingerichtetes Lokal mit guter Küche. Zum Haus gehören auch drei schöne Gästezimmer. *Karja 1a | Tel. 473 71 31 | www.hermannus.ee | €*

PIZZA GRANDE

Sehr beliebtes Café und Restaurant mit Jugendstileinrichtung. Prima Pizza. *Karja 6 | Tel. 473 72 00 | €*

PROMENAADI

Schöne Lage im gleichnamigen Hotel am Meer mit Wintergarten und Terrasse. Skandinavisches Interieur.

Sadamaa 22 | Tel. 473 72 50 | www. promenaadi.ee | €€

■ ÜBERNACHTEN ■

BALTIC HOTEL PROMENAADI
Ansprechendes Ensemble: Neubau und renovierte Villa am Meer. *34 Zi. | Sadama 22 | Tel 473 72 50 | Fax 473 72 54 | www.promenaadi.ee | €€*

ENDLA HOSTEL
Einfache Herberge in ruhiger Lage nicht weit vom Zentrum, mit Gemeinschaftsküche und -raum, im Garten Grillplatz. Die Zimmer sind ziemlich schlicht, aber günstig. Beliebt bei Backpackern. *Endla 5 | Tel./Fax 473 79 99 | www.endlahostel.ee | €*

FRA MARE
Komfortables Hotel mit großem Spa-Angebot. *115 Zi. | Ranna tee 2 | Tel. 472 46 00 | Fax 473 74 35 | www.fra mare.ee | €€*

KONGO
Elegantes Hotel in schöner, renovierter Holzvilla. *21 Zi. | Kalda 19 | Tel. 472 48 00 | Fax 472 48 09 | www. kongohotel.ee | €€*

PÄEVA VILLA
Helles, urgemütliches kleines Hotel mit zwei Gebäuden am Wasser. *18 Zi. | Lai 7 | Tel./Fax 473 36 72 | www.paevavilla.ee | €€*

■ STRAND ■
Ein Bad in der Sonne und in der Ostsee können Sie am Strand von *Paralepa* am Stadtrand genießen.

■ AUSKUNFT ■

TOURISTENINFORMATION HAAPSALU
Posti 37 | Tel. 473 32 48 | www.haap salu.ee

■ ZIELE IN DER UMGEBUNG ■

MATSALU (MATSALU RAHVUSPARK) ▶▶ [116–117 C–D 3–4]
Das Naturschutzgebiet und Vogelparadies umspannt die große, seichte Matsalu-Bucht südlich von Haapsalu sowie an die 50 dazugehörige Inseln. Das Feuchtgebiet gilt als größte Raststätte von Zugvögeln an der Ostsee. 274 Vogelarten wurden hier bislang registriert. Das *Infozentrum (Tel. 472 42 36 | www.matsalu.ee)* liegt in *Penijõe* [117 D4]. Im Sommer können Sie auch eine Kanuwanderfahrt in

MARCO POLO HIGHLIGHTS

★ Strände
Die weißen Strände von Pärnu sind ein kilometerlanges Badeparadies (Seite 69)

★ Bischofsburg (Piiskopilinnus)
Die mächtige Burg auf Saaremaa hat alle Zeitenwenden gemeistert (Seite 63)

★ Windmühlen von Angla
Von Winden umtost geben sie Estlands größter Insel eigenen Charme (Seite 66)

★ Koguva
Ein idyllisches Dorf, das eigentlich ein bewohntes Museum ist (Seite 65)

★ Soomaa-Nationalpark
In diesem Park gibt es eine fünfte Jahreszeit (Seite 71)

★ Leuchtturm Kõpu (Tahetorn Kõpu)
Der älteste Leuchtturm an der Ostsee steht auf Hiiumaa (Seite 60)

den Naturpark unternehmen *(www. kumari.ee)*.

VORMSI [116 C2–3]

Mit der Fähre gelangen Sie in 45 Minuten von Rohuküla nach *Sviby* auf Vormsi. Auf der Insel (93 km^2) leben heute nur noch etwa 300 Menschen. Vormsi lockt zum Wandern und Radeln und besitzt auf der Halbinsel Rumpo schöne Strände. Eine schöne, aber einfache Unterkunft bietet der Bauernhof *Rumpo Mäe* in *Hullo (7 Zi. | Tel. 472 99 32 | www.hot.ee/ streng | €)* – rudern, angeln, radwandern. *Fähre 1- bis 2-mal tgl. | 2 Pers. im PKW ca. 120 Kronen | www.laeva kompanii.ee*

>LOW BUDGET

> In Estlands Sommerhauptstadt Pärnu sind genau dann die Hotels ziemlich teuer. Sehr günstige Übernachtungsangebote vermittelt das *Majutüsbüroo (Mo–Fr 10–18 Uhr | Hommiku 7 | Tel. 443 10 70 | Fax 442 75 86).*

> Die schönste und preiswerteste Art, die „Tagesinsel" Hiiumaa zu erkunden: Es gibt sieben markierte Radrouten (20–90 km Länge). Fahrradverleih günstig in *Kärdla (Urve Merendi | Valli 16 | Tel. 463 12 51)* oder am Hafen in *Heltermaa (Priit Tikka | Tel. 56 60 63 77).* Die Touristeninfo hat die Broschüre „Leuchtturm-Tour".

> Auf den Inseln viel günstiger als auf dem Festland: schöne Wollsachen, auf Hiiumaa echt mit dem Schäfchen-Logo, z. B. in der *Wollfabrik Hiiuvill* in *Vaemla (15. Mai–15. Sept. tgl. 10–18 Uhr, sonst So geschl. | www.hiiuvill.ee).*

HIIUMAA

Die Insel ist zugleich der mit etwa 11 500 Ew. kleinste Landkreis Estlands. Dagö („Tagesinsel") heißt die zweitgrößte Insel des Landes (1023 km^2) auf Schwedisch. Schwedische Bauern besiedelten die Insel im 13. Jh. 60 Prozent Hiiumaas sind mit Wald bedeckt, der überwiegende Rest sind Moore, Wacholderwiesen und Dünen. Ein Straßenring verbindet die wenigen am Wasser liegenden Inselorte miteinander. 90 Minuten dauert die 22 km lange Fährfahrt von Rohuküla zum Inselhafen *Heltermaa* [116 C3] *(2 Pers. im PKW ca. 125 Kronen | www. laevakompanii.ee).* Von Triigi auf Saaremaa können Sie im Sommer per Schiff nach *Sõru* [116 B4] übersetzen *(2 Pers. im PKW ca. 115 Kronen).* Von Tallinn gibt es täglich Flüge zum Hauptort *Kärdla* [116 B3] *(www.avies.ee).*

■ SEHENSWERTES ■

KASSARI [116 B3]

Die südlich gelegene Insel ist über zwei Dämme mit Hiiumaa verbunden. Einer der schönsten Flecken dort ist die schmale Landzunge *Sääretirp*, die an der Südspitze etwa 2 km in die Ostsee hineinragt. Im Örtchen Kassari ist die Dependance des *Hiiumaa Muuseum* sehenswert *(tgl. 10–17 Uhr).* Dort steht ausgestopft der „letzte Wolf von Hiiumaa". Doch angeblich leben wieder graue Räuber auf der Insel.

LEUCHTTURM KÕPU (TAHETORN KÕPU) [116 A3]

Etwa 60 km von Heltermaa, in der Mitte der westlichen Halbinsel Kõpu, steht auf einem 68 m hohen Hügel das Symbol Hiiumaas: der Leuchtturm Kõpu. Schon 1531 errichtet, ist er heute das älteste noch tätige Leuchtfeuer im Ostseeraum. Den Turm können Sie besteigen. Aus 37 m Höhe schaut man auf die ferne See – und auf ein Meer von Bäumen. nahe beim Leuchtturm gibt es einen Campingplatz mit *Infocenter (Tel. 469 34 74)*.

SUUREMÕISA [116 B3]

Wenige Kilometer westlich vom Hafen Heltermaa liegt in einem 22 ha großen Park das 1772 gebaute Gutshaus Suuremõisa, das dem Baron Otto von Ungern-Sternberg gehörte, einem Piraten, der an der Küste Leuchtfeuer vortäuschte und havarierte Schiffe ausplünderte. Heute kann man auf dem Gutshof im *Gästehaus Allika* Ferien machen, mit Fahrradverleih und Ausflugsprogramm *(Tel. 462 90 26 | www.allika. com | €€)*.

Ein Leuchtturm wie eine Festung mitten im Wald: der Tahetorn Kõpu

■ ESSEN & TRINKEN

RANNAPAARGU

Essen und Meer: Das moderne Restaurant liegt direkt am Strand. Tagsüber lockt die Terrasse, abends die gut bestückte Bar. Am Wochenende oft Disco. *Luubjahju 3 | Tel. 463 20 53 | www.rannapaargu.ee | €€*

 VETSITALL

Gemütliches, rustikales Restaurant in einem umgebauten Gutshofstall auf der Insel Kassari. Traditionelle estnische Küche und ungewöhnliche Übernachtungsmöglichkeiten: zehn Fasshütten mit je zwei Betten im Garten. Außerdem Camping, Bootsverleih. *Kassari küla | Kaina vald | Tel. 462 25 50 | www.vetsitall.ee | €€*

VIINAKÖÖK

Pub, Restaurant und kleines Hotel (13 Zi.) an der Nordwestküste. Berühmt ist die Viinaköök für ihren „Hiiumaa-Wildschweinbraten" mit Sauerkraut und Beeren. *Sadama 2 | Kõrgessaare | Tel. 469 33 37 | www. haapsaluhotel.ee | €*

■ ÜBERNACHTEN

DAGEN HAUS

Vier wunderschöne renovierte Ferienhäuser nahe Ristna im Westen und auf Kassari mit Fahrrädern und allem modernen Equipment vermietet *Orjaku Mõisaka OÜ | Orjaku | Tel. 463 16 44 | www.dagen.ee | €*.

HELTERMAA HOTELL

Komfortables Hotel direkt am Meer. *18 Zi. | Heltermaa | Pühalepa | Tel.*

*469 41 46 | Fax 469 41 47 | www.hel
termaahotell.ee | €€*

HOTELL LIILIA

Schmuckes kleines Hotel im Örtchen
Käina im Süden der Insel. Radver-
leih; Fischerbootfahrten werden an-
geboten. *18 Zi. | Hiiu 22 | Käina | Tel.
463 61 46 | Fax 463 65 46 | www.lii
liahotell.ee | €€*

LÕOKESE SPA HOTELL

Mit Holzmöbeln eingerichtetes Well-
nesshotel. Zelten kann man im Park
des Hauses. *37 Zi. | Lõokese 14 |
Käina | Tel. 463 61 07 | Fax 463 62 69
| www.lookese.com | €–€€*

Insider Tipp NORDTOODER

Das rote Holzhaus im Zentrum von
Kärdla birgt sieben kleine, stilvoll
restaurierte Zimmer in typisch skan-
dinavischem Stil, nostalgisch und
edel. Auch das Restaurant des Gäste-
hauses ist sehr zu empfehlen, hier
speist man estnisch. Fahrradverleih.
*Rookopli 20 | Tel. 469 19 99 | Fax
463 21 40 | www.nordtooder.ee | €€*

■ STRÄNDE ■

Schöne, lang gezogene Strände gibt
es auf der Kõpu-Halbinsel sowie im
Norden auf der Tahkuna-Halbinsel.
Insider Tipp Die Strände bei *Ristna* und *Kalana*
sind Treffpunkt von Surfern und
Kitesurfern.

■ FREIZEIT & SPORT ■

Surftraining und Brettverleih bietet
das ▶▶ *Surf Paradiis* in *Ristna (Kõr-
gessaare vald | Handy 50 50 10 15 |
www.paap.ee).* Weiter im Angebot:
Tauchen, Jetski und Strandbuggy-
Touren.

■ AUSKUNFT ■

TOURISTENINFORMATION
*Hiiu 1 | Kärdla | Tel./Fax 462 22 32 |
www.hiiumaa.ee*

KURESSAARE/ SAAREMAA

**Saaremaa, die größte estnische Insel
(2671 km², 40 000 Ew.) bildet mit den Inseln Muhu, Vilsandi, Ruhnu und rund 500
kleinen Inseln einen Landkreis.** Schotterpisten, zerklüftete Buchten, Sandstrände, Kliffe, Nadelwälder, Wacholderheiden – Saaremaa ist ur-
wüchsig und einsam, besonders der
Norden und die Sõrve-Halbinsel im
Südwesten. Die Insel ist mit Auto
oder Rad gut zu bereisen, auch wenn
die kleinen Orte weit auseinander liegen. Nach Saaremaa geht fast stünd-
lich eine Fähre *(2 Pers. im PKW 95–
175 Kronen | www.laevakompanii.
ee),* vom Festlandhafen Virtsu gelangt man mit ihr in 30 Minuten nach
Kuivastu auf der Insel Muhu [116 C4],
von der ein Damm nach Saaremaa
führt. Von Tallinn aus gibt es Flüge
(www.avies.ee).

Die beschauliche Inselhauptstadt
Kuressaare (15 000 Ew.) [116 B5], das
ehemalige Arensburg, ist ein kleines
Zentrum für Wellnesstourismus.
Schon ab 1840 entstand hier ein Kurort. Mit den Sowjets kam der Bruch,
denn die Stadt wurde zur militäri-
schen Sperrzone. Das über 700 Jahre
alte Kuressaare besitzt rund ums Rathaus schöne Bauten aus dem 18. Jh.
Bischofsburg, renovierte Holzvillen,
Alleen und moderne Spa-Hotels bilden im Stadtkern ein attraktives Ensemble.

■ SEHENSWERTES ■

BISCHOFSBURG (PIISKOPILINNUS) ★

Die Hauptsehenswürdigkeit Kuressaares ist die quadratisch-kompakte Bischofsburg mit ihren zwei mächtigen Türmen, die ab 1340 für den Bischof von Westestland gebaut und nach ihrer Zerstörung im Nordischen Krieg ab 1762 neu errichtet wurde. Je 43 m lang sind die Seiten der Festung. Die wuchtigen, 20 m hohen Mauern bestehen aus Dolomitblöcken. Die verwinkelten Gänge, das mittelalterliche Gewölbe und der Festsaal machen die Burg zu einem Erlebnis. Im Burginneren ist auch das *Saaremaa-Museum* zur Inselgeschichte untergebracht *(Mai–Aug. tgl. 10–18, Sept.–April Mi–So 10–18 Uhr | www.saaremaamuuseum.ee).*

Eine spezielle Tafelfreude bietet das rustikale Bischofsmahl, das Sie in der mittelalterlichen Atmosphäre der Burg zu sich nehmen können. *Anmeldungen im Museum: Lossihoov 1 | Tel. 455 44 63 | muuseum@ muusuem.tt.ee | €€*

KURHAUS (KUURHOONE)

Im imposanten, renovierten Holzgebäude von 1861 im Stadtpark vor der Burg befindet sich ein *Café (Lossipargi 1 | Tel. 453 97 49 | €€).*

RATHAUS (RAEKODA)

Das Gebäude im nordischen Barockstil mit den vier Löwen vor dem Portal wurde ca. 1670 errichtet. *Tallina 2*

WIEGEHAUS (VAEKODA)

Im Eichhaus gegenüber vom Rathaus wurde seit 1666 mit Gewichten hantiert. Hier wurden die auf dem Markt erstandenen Waren nochmals amtlich nachgewogen. Heute ist das Wiegehaus eine urgemütliche Kneipe mit

Staunen im Saaremaa-Museum: Bis 800 kg und 2,30 m Schulterhöhe erreicht ein Elch

Terrasse: *Vajekoda Pub | Tallinna 3 | Tel. 453 30 20 | www.pubvaekoda.ee | €–€€.*

■ ESSEN & TRINKEN ■

DAISSY
Im Backsteinkeller des gleichnamigen Hotels serviert man vor allem leckere Wildgerichte. *Tallinna 15 | Tel. 453 35 26 | €€–€€€*

GEORG OTS SPA-RESTAURANT
Als familien- und kinderfreundlichstes Restaurant Estlands ausgezeichnet. Zugleich ein nagelneues Spa-Hotel (91 Zi.). *Tori 2 | Tel. 455 00 00 | www.gospa.ee | €€–€€€*

KAPTENI KÖRTS
Alles rund um den Fisch. Maritime Einrichtung und Gartenterrasse. *Kauba 13 | Tel. 453 30 36 | €–€€*

LA PERLA
Hübsch-rustikal eingerichteter Italiener mit knusprigen Pizzas. *Lossi 3 | Tel. 453 69 10 | €€*

VESKI TRAHTER
Restaurant-Pub auf vier Stockwerken in einer alten Holländermühle. Man serviert wohlschmeckende estnische Gerichte. *Pärna 19 | Tel. 453 37 76 | www.veskitrahter.eu | €–€€*

WILDENBERGI KOHVIK
Nettes Café mitten im Zentrum, genau das richtige nach dem Stadtbummel. *Tallinna 1 | Tel. 454 53 25 | €*

■ ÜBERNACHTEN ■

HELENE VILLA
Helles Gästehäuschen mit Garten, 800 m von der Burg entfernt. *5 Zi. | Tuule 27 | Tel./Fax 453 18 00 | www.saaremaa.ee/helene_villa | €*

HOTELL ARENSBURG
Komfortabel eingerichtetes Hotel nahe der Burg, mit Restaurant und Gartenterasse. *25 Zi. | Lossi 15 | Tel. 452 70 00 | Fax 452 47 27 | www.siva invest.ee | €€–€€€*

LAURA MAJUSTUS
Kleines, individuelles Gästehaus im Zentrum Kuressaares. *4 Zi. | Kohtu 2 | Tel. 455 40 81 | €*

LINNAHOTELL
Neues, kleines Hotel in einer ruhigen Nebenstraße, stilvoll modern. *18 Zi. | Lasteaia 7 | Tel. 453 18 88 | Fax 453 36 88 | www.linnahotell.com | €€*

LOSSI HOTELL
Schicke, renovierte Holzvilla an der Burg mit nostalgischem Ambiente, *10 Zi. | Lossi 27 | Tel. 453 36 33 | Fax 453 33 71 | www.saaremaa.ee/hous ing/lossihotell | je nach Saison €– €€€*

RÜÜTLI SPA
Eines der besten Spa-Hotels Estlands: Superkomfort und Kuranwendungen mit allem Drum und Dran. *102 Zi. | Pargi 12 | Tel. 454 81 00 | Fax 452 71 35 | www.sanatoorium.ee | €€€*

■ STRÄNDE ■

Gleich hinter der Bischofsburg befindet sich ein Sandstrand. Auch südwestlich bei *Nasva* ziehen sich Strände die Küste entlang bis nach *Järve*. Dort erreichen die Sanddünen schon mal 4 m Höhe.

> *www.marcopolo.de/estland-tallinn*

■ FREIZEIT & SPORT ■

Viele Sanatorien *(www.sanatoori um.ee)* und Hotels vermieten Fahrräder. Am Yachthafen können Sie Minigolf spielen. Der Segelhafen hat 60 Liegeplätze und ist für Gastboote gut ausgerüstet. *Tori 4 | Tel. 453 35 40 | www.sivainvest.ee*

■ AUSKUNFT ■

TOURISTENINFORMATION
Tallinna 2 | Tel./Fax 453 31 20 | www.visitestonia.com

■ ZIELE IN DER UMGEBUNG ■

BÄRENSEE (KARUJÄRV)   [116 A5]

Etwa 22 km nordwestlich von Kuressaare, hinter Kärdla, liegt der idyllische, 330 ha große Badesee mit Sandstrand in einem waldigen Naturschutzgebiet.

**KAALI-KRATERSEE
(KAALI KRAATERJÄRV)**   [116 B5]

Der kreisrunde Kratersee bei Kaali, 16 km nordöstlich von Kuressaare, ist eine der bekanntesten Naturschönheiten Saaremaas. Etwa 1000 v.Chr. stürzte ein 1000 t schwerer Meteorit hier in den Boden und schuf neun Krater – der größte ist mit Wasser gefüllt und hat einen Durchmesser von 110 m.

**KLIFFE VON PANGA
(PANGA PANK)** ☙   [116 A4]

Einen fantastischen Blick über die Ostsee bietet die 21 m hohe Steilküste bei Panga, die sich über 2,5 km erstreckt. Oberhalb des Kliffs ragt ein Leuchtturm auf. Von Kuressaare aus fährt man 45 km nordwärts über einsame Sandstraßen dorthin. Übernachtungsmöglichkeit sehr nahe an

der Küste im *Gästehaus Panga Puhketalu,* das auch Stellplätze für Caravanreisende und Camper anbietet. *27 Betten | Mustjala vald | mobil 520 80 15 | www.panga.ee | €*

Insider Tipp

Saaremaas Strände haben Platz auch für Flipper und sein Herrchen

MUHU   [116 C4]

Das malerische Dörfchen ★ *Koguva (Koguva küla)* auf der westlichen Seite der Insel Muhu, seit 1968 unter Denkmalschutz stehend, ist ein bewohntes Museum. Bemooste Steinmauern, alte Höfe, Mühlen, eine Schmiede, alte Boote – Estlands Kulturgeschichte ist hier zum Anfassen erlebbar. Etwa 30 Bewohner folgen in einigen der über 100 Bauten ihrem gewohnten Tagesablauf. In der Inselmitte in *Liiva* steht die *Katharinenkirche* (1280) mit farbigen Wandmalereien. Direkt daneben können Sie sich im Bauerngasthof *Aki Kõrts* bei estnischer Küche stärken *(Tel. 459 81 04 | €)*. Traumhaft ist der renovierte  *Gutshof Pädaste* unweit der Fähre zum Festland, ein Nobelhotel mit herrlichem Blick auf die Ostsee, 65 km von Kuressare *(9 Zi. | mehrere Gästehäuser, ein renoviertes Farmhaus | Pädaste Mõis | Muhu | Tel. 454 88 00 | Fax 454 88 11 | www.padaste.ee | €€€)*.

Insider Tipp

RUHNU [116 C6]

Ruhnu bedeutet Ruhe, einfaches Leben und romantisch-raue Natur. Die kleine Insel liegt etwa 70 km südöstlich von Kuressaare. Hier leben etwa 60 Menschen. Die Holzkirche von 1664 ist eine der ältesten des Landes. Von Kuressaare verkehrt sommers zwei- bis dreimal die Woche ein Schiff *(2 Std. 15 Min. | 200 Kronen p. Pers.). www.ruhnu.ee*

VILSANDI-NATIONALPARK (VILSANDI RAHVUSPARK) ▶▶ [116 A5]

Der Nationalpark im Westen Saaremaas ist Vogelschutzgebiet. Auf *Vilsandi* und mehr als 150 Inselchen rasten Zigtausende Zug- und Wasservögel, und die Insel *Innaharu* ist eine Kinderstube der Ostsee-Kegelrobben. Nach Vilsandi geht es über Kihelkonna (32 km von Kuressaare) auf einem Schotterweg zum Hafen *Papisaare*. Von dort fährt zweimal täglich ein Boot nach Vilsandi. Nähere Infos zum Parkzugang in Kihelkonna bei der *Parkverwaltung (Tel. 452 30 07)*, im Vilsandi-Informationszentrum im *Gutshof Loona (Tel. 454 65 10)* oder bei der *Touristinformation Kihelkonna (Tel. 454 65 31)*.

WINDMÜHLEN VON ANGLA ⭐ [110 B4]

Sie sind die pittoresken Wahrzeichen Saaremaas. Beim Dorf Angla, etwa 35 km nördlich von Kuressaare, stehen fünf hölzerne Mühlen – vier Bockmühlen und eine Holländermühle. Einst gab es mehr als 800 Mühlen auf Saareema. Etwas süd-

▶ HERRENHÄUSER
Aus verfallenen Statusbauten werden Schlosshotels

Das architektonische Erbe des deutschbaltischen Adels lebt noch: In Estland gibt es nach einer Auflistung aus den 20er-Jahren des 20. Jhs. mehr als 1000 Guts- und Herrenhäuser, heute in mehr oder minder gutem Zustand. Die imposanten Zentren der Gutshöfe waren als großzügige Ensembles gestaltet, mit riesigen Parkanlagen, das schlossähnliche Herrenhaus in der Mitte. Einige sind heute im Besitz vermögender Esten,

die den in der Sowjetzeit verfallenen Statusbauten zu neuem Glanz verhelfen. Als Tagungshotels, Wellnessanlagen, Galerien und Kulturzentren erleben sie nun eine neue Blüte. Doch die meisten verfallen weiter – das Geld fehlt. Heute kann man rund 100 Herrenhäuser als gut erhalten oder komplett renoviert bezeichnen. Achten Sie auf die Schilder „Mõis" (Herrenhaus) oder „Loss" (Schloss).

Mittelpunkt eines ganzen Mühlenensembles: die Holländermühle bei Angla

lich, in Karja, befindet sich die im 14. Jh. erbaute *Katharinenkirche* mit ihren kunstvollen Wandmalereien.

PÄRNU

[117 E5] **Pärnu (45 000 Ew.) ist dank seiner Lage in einer windgeschützten Bucht und der herrlichen Strände die Perle der estnischen Ostseeküste und die offizielle „Sommerhauptstadt" Estlands.** Jedes Jahr zum Sommeranfang wird dem Bürgermeister ein Schlüssel als Zeichen für die zeitweilige „Machtübernahme" aus der Hauptstadt Tallinn überreicht. Und zum Saisonausklang Ende August gibt es mit viel Politprominenz ein Abschlussfest am Strand, bei dem auch schon mal der Regierungschef eine kesse Sohle aufs Parkett legt. Seit 1838 ist die einstige Hansestadt Pernau ein Kurort. Die Moorbäder und der heilsam wirkende Ostseeschlamm ziehen viele Gäste in die Stadt, aber auch das Kultur- und Freizeitprogramm.

■ SEHENSWERTES ■

ALTSTADT

Die reizvolle Altstadt liegt auf einer Halbinsel zwischen dem Pärnu-Fluss und dem Strand und ist teilweise Fußgängerzone. Die Häuserreihen in der *Rüütli-*, der *Vee-* und der *Pühavaimu-Straße* repräsentieren unterschiedliche Baustile.

KIRCHEN

Die orthodoxe *Katharinenkirche (Kathariina kirik)* gilt als schönste Barockkirche Estlands und ist mit ihren mächtigen Kuppeln das Wahrzeichen der Stadt *(Vee 16 | Mo–Fr 11–18, Sa/So 9–18 Uhr)*. Unweit steht die 1747 errichtete protestantische *Elisabethkirche (Eliisabeti kirik, Nikolai 22 | Mo–Sa 12–18, So 10–13 Uhr)* mit einer schönen Orgel.

LYDIA-KOIDULA-MUSEUM

Die Dichterin auf dem 100-Kronen-Schein war die prägende Persönlichkeit des nationalen Erwachens im 19.

Jh. Dieses Museum ist ihr Eltern-
haus. *Jannseni 37 | Mi–So 10–18 Uhr*

PÄRNU-MUSEUM

Das Stadtmuseum befasst sich mit
der kulturgeschichtlichen Entwicklung des Pärnuer Gebiets seit der
Steinzeit. *Rüütli 53 | Mi–So 11–18
Uhr | www.pernau.ee*

RATHAUS (RAEKODA)

Das klassizistische Bauwerk wurde
1797 errichtet; der Anbau im Jugendstil, mit neogotischen Elementen,
wurde 1911 fertiggestellt. *Uus 4*

ROTER TURM (PUNANE TORN)

Der im 15. Jh. errichtete Gefängnis-
turm blieb als einziges Relikt der
mittelalterlichen Stadtmauer der
Hansestadt Neu-Pernau erhalten.
Hommiku 11

■ ESSEN & TRINKEN ■

MÕNUS MARGARITA

Texmex-Küche und Gegrilltes. Wohl
einer der populärsten Treffpunkte in
Pärnu. *Akadeemia 5 | Tel. 443 09 29 |
www.servitri.ee | €€*

RANNAHOTELL

Toprestaurant in renoviertem Nobel-
hotel (62 Zi.) mit Blick auf den weißen Strand. Internationale Küche.
Sonnabends Pianomusik. Einen wunderbare Sicht aufs Wasser hat man
auch von der ✹ Dachterrassenbar.
*Ranna 5 | Tel. 443 29 45 | www.scan
dic-hotels.ee | €€€*

STEFFANI

Eher ein wirklich gutes Restaurant
(Salate, Pasta) als eine typische Piz-
zeria. *Nikolai 24 | Tel. 443 11 70 |
www.steffani.ee | € – €€*

Die Tür von Pärnus Rathaus steht einladend offen – wie schön!

TRAHTER POSTIPOISS

Russisches Restaurant im Herzen Pärnus. Das rustikale „Gasthaus zum Kutscher" wurde 1844 als Pferde-Poststation errichtet. Straßencafé im Sommer. *Vee 12 | Tel. 446 48 64 | www.restaurant.ee | €€*

■ EINKAUFEN

KUNSTZENTRUM CHAPLIN (CHAPLINI KUNSTIKESKUS)

Im Museum für moderne Kunst befindet sich ein Souvenirgeschäft: Bilder, Karten, Glas, Leder, Pullover. *Esplanaadi 10 | www.chaplin.ee*

LINA CLASSIC

Handgefertigte feine Leinendecken, -taschen und -kleidung. *Rüütli 31 | www.linaclassic.com*

■ ÜBERNACHTEN

ALEX MAJA

Gemütliches kleines Hotel in der Altstadt, sehr elegante Zimmer, auch das Restaurant des Hauses ist Spitze. Im Sommer schöne Terrasse, abends oft Livemusik. *10 Zi. | Kuninga 20 | Tel. 446 18 66 | Fax 446 18 67 | www.alexmaja.ee | €€–€€€*

CAROLINA

Das neue, 2006 eröffnete Mittelklassehotel liegt in einer ruhigen Nebenstraße nah am Zentrum. Von außen keine Schönheit, aber die Zimmer sind hell und modern. Sehr familienfreundlich. *24 Zi. | Ringi 54b | Tel. 442 04 40 | www.carolina.ee | €€*

DELFINE KÜLALISTEMAJA

Komfortables, helles Gästehaus mit guter Einrichtung, nur 250 m bis zum Strand. *20 Zi. | Supeluse 22 | Tel. 442 69 00 | Fax 442 69 01 | www.delfine.ee | €–€€*

JAHISADAMA KÜLALISTEMAJA

Yachthafen-Gästehaus – schicke Unterkunft mit maritimem Einschlag am Pärnu-Fluss. *13 Zi. | Lootsi 6 | Tel. 447 17 40 | Fax 447 17 51 | www.jahisadam.ee | €€*

PROMENAADI

Schöne grüne, perfekt restaurierte Villa an einer Allee. Moderne Räume. *5 Zi. | Tammsaare 16 | mobil 56 61 76 23 | www.promenaadi.net | €€*

VILLA AMMENDE

Jugendstilvilla, Spitzenhotel und exklusives Restaurant mit mediterraner Küche und einer Sommerterrasse. *24 Zi. | Mere 7 | Tel. 447 38 88 | Fax 447 38 87 | www.ammende.ee | €€€*

■ STRÄNDE

⭐ Ausgedehnte Sandstrände, feinsandig und weiß, säumen die Bucht, nur an wenigen Stellen unterbrochen von schilfigen Abschnitten. Das Ufer der Ostsee fällt seicht ab – ein Badeparadies. Seit 2001 weht am Pärnuer Strand, der gleich hinter der Ranna-Straße beginnt, die Blaue Flagge, das europäische Signet für hohen Umweltstandard. Weitere Strände schließen sich im Süden an den Pärnuer Strand an: Im 6 km entfernten *Valgerand,* in *Kabli* oder *Matsirand* lässt es sich prima baden.

■ FREIZEIT & SPORT

Citybike (im Maritime Hotel | Seedri 4 | Juni–Aug. tgl. 10–20 Uhr | www.citybike.ee) bringt Ihnen das Leihrad auch nach Wunsch zu Ihrem Quartier. Das Tennisracket schwingen können Sie in der *Tennisehall (Tammsaare 39 | tgl. 9–22 Uhr | Tel. 442 72 46 | www.tennisehall.ee)*.

■ AM ABEND

CLUB TALLINN ▶▶

Fängt spät an, dreht gewaltig auf: Szenetreff für viele junge Leute in ei-

KURSAAL (KUURSAAL)

Pärnus historischer Kursaal liegt am Strandbereich. Das preiswerte Restaurant mit Außenplätzen wandelt sich abends zum Nachtclub. Ganzjährig die verschiedensten Veranstaltungen, in der Saison jeden Tag Livemusik. *Mere 22, Mo–Fr 12–2, Sa/So 12–4 Uhr | Tel. 442 03 67 | www. kuur.ee*

Im Fall des Falles fällt man weich: wippen am Strand von Pärnu

nem Seitenflügel des Kuursaal. *Mere 22 | Di–Sa 22–5 Uhr*

Insider Tipp KONZERTHAUS (KONSTERDIMAJA)

Modernstes Konzerthaus des Landes. Im Gebäude haben auch die Stadtgalerie, die Musikschule und ein Musikgeschäft ihr Zuhause gefunden. *Aida 4 | Tel. 445 58 00 | Programm: www.pkm.concert.ee*

SUNSET CLUB

Eine Disco am Meer – hier finden regelmäßig die Strandfeste ihre Fortsetzung. *Ranna 3 | Mi–So 22–4 Uhr | www.sunset.ee*

■ AUSKUNFT

TOURISTENINFORMATION

Rüütli 16 | Tel. 447 30 00 | Fax 447 30 01 | www.parnu.ee

■ZIELE IN DER UMGEBUNG■

Insider Tipp

KIHNU [117 D5]

Die knapp 40 km südlich von Pärnu gelegene, 17 km² große Insel mit ihren 500 Ew. ist eine andere Welt. Die Frauen dort tragen noch dicke, gestreifte Wollröcke wie ihre Urgroßmütter. Die handgefertigten Kihnu-Pullover stammen von hier. Sehenswert sind das kleine Museum und das Grab des Seefahrers Kihnu Jõnn. Einen Pub gibt es auch. Von *Munalaid*, 50 km nordwestlich von Pärnu, gehen täglich zwei Fähren *(Mai–Okt. | Fahrtdauer 50 Min. | 2 Pers. im PKW ca. 190 Kronen | Tel. 445 75 00).*

NIGULA [117 E6]

Etwa 45 km südlich von Pärnu liegt das 28 km² große Moorschutzgebiet Nigula, durch das ein 6,8 km langer Lehrpfad aus Holzstegen führt, den man nach Voranmeldung bei der *Schutzgebietsverwaltung* in *Vana Järve (Tel. 445 17 60 | www.nigula. ee)* mit Expertenbegleitung abwandern kann. Ein Refugium für Vögel wie Schwarzstorch und Blauracke.

SOOMAA-NATIONALPARK (SOOMAA RAHVUSPARK) ⭐ [117 F4–5]

Der 370 km² große Nationalpark wurde im Jahr 1993 gegründet, um die Tier- und Pflanzenwelt der Hochmoore, die artenreichen Überschwemmungsgebiete und die unterschiedlichen Waldformen zu schützen. Die verschiedenartige Natur und die fünf Jahreszeiten – die fünfte ist das Frühjahrshochwasser – machen die Region zu einem beliebten Ausflugsziel. Im Soomaa-Gebiet leben 100 Menschen – eher Adler, Schwarzstorch, Elch, Wolf, Bär,

Luchs und Biber haben hier ihr Zuhause. Das *Infozentrum (Di–So 10–18 Uhr | Tel. 435 71 64 | www.soo maa.ee)* des Parks liegt in *Kõrtsi-Tõramaa,* 41 km nordöstlich von Pärnu. Dort können Sie sich über Lehrpfade, Angelscheine, Reitangebote und Wanderhütten informieren. Wenn Sie mögen, können Sie sich hier auch am Bau eines Einbaums *(haabjas)* beteiligen. Boote oder sogar eine schwimmende Sauna kann man in der Nähe des Ortes Jõesuu im *Saariso-Kanuzentrum* des Veranstalters Karuskose mieten *(Tori vald | mobil 56 18 96 | www.soo maa.com).*

STRÄNDE RICHTUNG LETTLAND [117 E5–6]

Die 60 km Küste entlang der E 67 von Pärnu bis hin zur lettischen Grenze sind von einsamen Sandstränden gesäumt. Bei *Uulu* findet man auch Sanddünen, ebenso bei *Rannametsa.*

TORI [117 E4]

Etwa 20 km nordöstlich von Pärnu liegt das Gestüt Tori, das seit Mitte des 19. Jhs. die gleichnamige estnische Pferderasse züchtet. Die dunklen Warmblüter sind vielseitig einsetzbar, groß und zugkräftig. *Tori Hobusekasvandus | Pärnu 13 | Tori vald | mobil 528 62 84 | www.hot.ee/ torihobune/ger*

TRAHTER KULD LÕVI [117 E4]

Die renovierte Schänke „Zum Goldenen Löwen" aus dem 18. Jh., 7 km nördlich von Pärnu, ist ein beliebtes Ausflugsziel. Hier gibt es hervorragende estnische Küche. *Audru vald | Tel. 443 31 82 | www.kuldlovi.ee | €€*

> DICHTE WÄLDER UND STILLE SEEN

Im Süden Estlands gibt die Natur den Ton an –
mit der Universitätsstadt Tartu als pulsierendem Zentrum

> **Ein Meer von Bäumen, sanfte Hügel, Seenketten, mäandernde Flüsse sowie weite Wiesen am Peipus-See – der Süden Estlands ist von ergreifender Schönheit und Einsamkeit zugleich. Die Menschen gelten als bodenständiger, traditionsbewusster und auch eigenwilliger als die im Norden.**
Stolz und selbstbewusst wird im Süden Estlands auch das Brauchtum gepflegt, sodass dieser Landesteil die Hochburg der Volkskunst ist. Alljähr-

lich werden hier berühmte Folklorefeste gefeiert. Rund 350 000 Menschen leben in den entvölkert wirkenden Landkreisen Viljandimaa, Võrumaa, Valgamaa, Põlvamaa, Jõgevamaa und Tartumaa.

OTEPÄÄ

[120 B3] Das kleine Städtchen (2500 Ew.) nennt sich stolz die „Winterhauptstadt" Estlands. Die waldig-hügelige Gegend mit

Bild: Peipus-See

DER SÜDEN

den vielen Seen ringsum gilt als die Schweiz des Baltikums. Die „Berge" sind zwar nur um 200 m hoch, doch mit 120 Tagen Schnee im Jahr ist das Gebiet ein Eldorado für Skilangläufer. Sogar Alpinski ist auf kurzen Abfahrten möglich, dazu Eisangeln, Motor- und Pferdeschlittenfahrten. Selbst eine Sprungschanze gibt es. Im Sommer ist die Region ein Traum für Radler, Wanderer, Kanuten und Badefreunde. Der buchtenreiche *Pühajärv* (Heiligensee) direkt am Ort gilt als schönster See der Gegend.

■ SEHENSWERTES ■

Die Kirche ist das älteste Bauwerk (1870). Im Pfarrhaus *(Kirikumõis)* befinden sich das kleine *Skimuseum (Di–So 9–14 Uhr)* und das *Flaggenmuseum (Mo–So 9–21 Uhr)*. Hier wurde 1884 die estnische Fahne geweiht. Hinter der Kirche beginnt der Aufstieg zum Berg *Linnamäe,* auf dem einst eine vorzeitliche Burg stand. Erhalten geblieben sind Ruinen aus der Ordenszeit. Die Geschichte Otepääs findet sich im *Regional- und Heimatmuseum (Koolitare 9 | Di–So 10–17 Uhr)*. ✻ Das Besteigen des *Väike Munamägi*

Snacks anbietet. *Lipuväljak 10 | Tel. 765 56 34 | €€*

■ ÜBERNACHTEN ■

BERNHARD

Schöne Naturlage etwas außerhalb des Ortes. Komplett ausgestattet, gu-

Hier blockiert kein Handtuch den Liegestuhl: Hotel Pühajärve Puhkekodu

(Kleiner Eierberg) am Ortsausgang wird mit einer bis zu 50 km weit reichenden Aussicht belohnt.

■ ESSEN & TRINKEN ■

EDGARI KÜLALISTEMAJA

Kleines Lokal in einem Gästehaus. Warme und kalte Küche wie Seljanka und Karbonade. Als Spezialiät Apfelkuchen mit Eis. *Lipuväljak 3 | Tel. 765 42 75 | www.hot.ee/karnivoor | €€*

HERMANNI PUBI

Nette Kneipe mit vielen Sportlerautogrammen an der Wand, die auch

tes Restaurant. *32 Zi. | Kolga tee 22A | Tel. 766 96 00 | Fax 766 96 01 | www.bernhard.ee | €€*

KARUPESA HOTELL

Gemütliches, modernes Hotel mit 29 Zimmern und gutbürgerlichem Restaurant unmittelbar neben den Wintersportanlagen. *Tehvandi 1A | Tel. 766 15 00 | Fax 766 16 01 | www.karupesa.ee | €€*

PÜHAJÄRVE PUHKEKODU

Hotelkomplex in einem ehemaligen Rittergut, direkt am See Pühajärv ge-

> *www.marcopolo.de/estland-tallinn*

legen, mit Restaurant, Fahrradverleih, Wellnessbereich und großzügiger Terrasse. *98 Zi. | Pühajärve | Tel. 766 55 00 | Fax 766 55 01 | www.py hajarve.com | €€*

SETANTA ☆
Kleines Hotel mit fantastischem Blick über den See Pühajärv. Zugleich ein netter Pub mit toller Außenterrasse, estnischer und irischer Küche. *9 Zi. | Nupli küla | Otepää vald | Tel. 766 82 08 | Fax 766 82 01 | www.setanta.ee | €€*

Insider Tipp
SPORTZENTRUM KÄÄRIKU
Der großzügige Komplex nahe Otepää verfügt über eine Sporthalle, Spielplätze, eine Leichathletikanlage und ein Schwimmbad. *118 Schlafplätze in Einzel-, Doppel- und Gruppenzimmern | Kääriku | Otepää vald | Tel. 766 56 00 | Fax 766 56 67 | www.kaariku.com | €€*

■ CAMPING
ANNIMATSI
Ein schöner Platz für Biker, Wanderradler und Jugendgruppen. 14 Caravanplätze mit Stromanschluss. Aus-

geschildert – der Platz liegt etwas abseits der Straße Otepää–Sihva in einem Wald unweit des Sees Kärnjärv. Ganzjährig. *Pühajärve | Otepää vald | Tel. 767 16 42 | Fax 766 12 29*

■ FESTIVAL
Eine faszinierende Verbindung von Musik und Natur pur können Sie beim ▶▶ *Leigo-Festival* im Sommer erleben. Kammermusik-, klassische und Rockkonzerte finden auf einer Inselbühne im Leigo-See, etwa 8 km nördlich von Otepää, statt. Die Zuhörer selbst sitzen am Seeufer. Die Events dauern bis in die Nacht, Fackeln und Kerzen tauchen den See dann in ein romantisches Licht. *Tel. 509 13 44 | www.leigo.ee*

Insider Tipp

■ AUSKUNFT
TOURISTENINFORMATION OTEPÄÄ
Lipuväljak 13 | Tel. 766 12 00 | www. otepaa.ee

■ ZIELE IN DER UMGEBUNG
HARIMÄE-TURM ☆   [120 B4]
Ungefähr 10 km südlich von Otepää, bei Kääriku, ist der Berg Harimägi mit 211,3 m eine der höchsten Erhe-

MARCO POLO HIGHLIGHTS

★ **Johanneskirche (Jaani kirik)**
Terrakottaskulpturen sind ihr faszinierender Fassadenschmuck (Seite 77)

★ **Universität (Tartu ülikool)**
Traditionscampus mit toller Architektur (Seite 78)

★ **Großer Eierberg (Suur Munamägi)**
Dieser Berg ist ein wahrer Riese im Baltikum (Seite 86)

★ **Olustvere**
Das im Jugendstil erbaute Gutsensemble erinnert mit Park und Allee an herrschaftliche Zeiten (Seite 84)

★ **Väike-Taevaskoja**
Bei Põlva hat die Natur eine Felsen- und Höhlenlandschaft von ergreifender Schönheit geschaffen (Seite 82)

bungen des Landes. Eine 24 m hohe Aussichtsrampe ermöglicht einen Panoramablick.

JÕGEVESTE [120 A4]

Auf dem Gutshof 30 km südwestlich von Otepää liegt das Mausoleum des russischen Feldmarschalls Barclay de Tolley. Der General hatte maßgeblichen Anteil an Napoleons Niederlage in Russland, und 1814 nahm er Paris ein. Der Einmarsch ist auf einem Relief am Grab abgebildet. *Mi–So 9–17 Uhr*

KARULA-NATIONALPARK (KARULA RAHVUSPARK) [120 B5]

In diesem 103 km^2 großen Schutzgebiet 45 km südlich von Otepää leben Elche, Wölfe und Luchse. Wanderpfade führen durch den Park. Badeplatz und *Infocenter* am See Ähijärv *(Antsla | Tel. 782 83 50 | www.karula rahvuspark.ee)*.

SANGASTE [120 B4]

Das Schloss liegt 22 km südlich von Otepää. Der Bau aus rotem Backstein im Tudor-Stil ähnelt Windsor Castle und wurde Ende des 19. Jhs. errichtet. Der letzte deutsch-baltische Schlossherr Friedrich von Berg wurde bekannt als Züchter der winterfesten Roggensorte „Sangaste". Das Schloss, das stetig renoviert wird, ist heute auch ein kleines Hostel. *18 Zi. | Lossiküla | Sangaste | Tel. 767 93 00 | www.sangasteloss.ee | €*

TAAGEPERA [118 B6]

Auf Estnisch lautet so der Name der Familie von Stackelberg, die hier einst residierte. Das heutige Hotelschloss liegt 55 km südwestlich von Otepää in einem großen Park nahe der Grenze zu Lettland. ☼ Der 40 m hohe Schlossturm bietet einen imposanten An- und Ausblick. Die Hotelzimmer sind sehr ansprechend, das Restaurant prima. Die „Happy Suite" verfügt sogar über einen eigenen Kamin. Ein Wohlfühlplatz. *32 Zi. | Helme vald | Tel. 766 63 90 | www.taageperaloss.ee | €€ – €€€*

Inside Tipp

TARTU

KARTE IN DER HINTEREN UMSCHLAGKLAPPE

[119 D5] Das Zentrum des Südens ist die Universitätsstadt Tartu. Etwa 100 000 Ew. zählt die zweitgrößte Stadt Estlands, rund 20 000 von ihnen sind Studenten. „Suudlevad tudengid" (Küssende Studenten) – die Figuren eines Pärchens auf dem Brunnen des Rathausplatzes drücken viel über das Lebensgefühl der Stadt aus und zeigen, welche Bedeutung die 1632 vom Schwedenkönig Gustav Adolf gegründete Uni für Tartu hat. Als Wiege der nationalen Kultur ist Tartu für alle Esten zugleich der geistige Gegenpol zur Wirtschaftsmetropole Tallinn. Vom mittelalterlichen Kern der einstigen Hansestadt Dorpat ist allerdings nicht viel geblieben. In mehreren Kriegen brannten die Häuser ab. Das heutige Zentrum aus dem 19. Jh. um Rathaus und Uni ist klassizistischen Ursprungs. Doch gibt es um die Altstadt schöne Straßen und Quartiere mit mehrstöckigen Holzhäusern.

■ SEHENSWERTES ■

BOTANISCHER GARTEN (BOTAANIKAAED)

Der 1803 angelegte Garten der Uni, mit Palmenhaus und Rosengarten,

Schickes Hotel in herrschaftlichem Schloss: Taagepera

beherbergt 6500 Pflanzenarten auf 3 ha Fläche. *Lai 40 | Mai–Okt. tgl. 10–17 Uhr*

DOMBERG (TOOMEMÄGI) ❄

Die Ruine der mittelalterlichen *Domkirche (Toomkirik | Lossi 25)* thront auf dem Domberg in einer Grünanlage mit vielen Wanderwegen. Der Weg zum Berg führt über die Lossistraße unter der Engelsbrücke hindurch. Ihr Gegenstück ist die Teufelsbrücke westlich am Berg. Um die Domruine herum erinnern Denkmäler an Persönlichkeiten, die die Geschichte der Universität und der ältesten Stadt Estlands prägten.

ESTNISCHES NATIONALMUSEUM (EESTI RAHVA MUUSEUM)

Das 1909 gegründete Museum gibt einen umfassenden Überblick über Geschichte, Volksgruppen und Traditionen aller Regionen Estlands. Oft gibt es interessante Sonderausstellungen, ständig Angebote für Kinder

ujnd Jugendliche. *Kuperjanovi 9 | Mi–So 11–18 Uhr | www.erm.ee*

JOHANNESKIRCHE (JAANI KIRIK)

Das Wahrzeichen Tartus ist wegen seiner zahlreichen Terrakottaskulpturen und -köpfe (etwa 200 sind erhalten), die zum Teil angesehenen Bürgern des mittelalterlichen Tartu nachempfunden sind, ein europaweit einzigartiges Kleinod der Gotik. 1944 schwer beschädigt, wurde die Restaurierung der Johanneskirche im Juni 2005 feierlich abgeschlossen. *Jaani*

RATHAUS, RATHAUSPLATZ (RAEKODA, RAEKOJA PLATS)

Täglich um 12, 18 und 21 Uhr erklingt vom Turm des frühklassizistischen *Rathauses* (1789) ein Glockenspiel. Der trapezförmige *Rathausplatz* ist von klassizistischen Gebäuden umrahmt, unter denen das „schiefe Haus" (Nr. 18) eine Besonderheit ist. Es wurde 1793 auf Pfählen auf feuchtem Untergrund errichtet. Als der Wasserspiegel sank, neigte sich das Haus zur Seite. Pisa lässt grüßen.

Einem griechischen Tempel nachempfunden: das Hauptgebäude der Uni

STADTMUSEUM TARTU (LINNAMUUSEUM)
Stadtgeschichte von den Anfängen bis zu Einblicken in die Gegenwart. *Narva 23 | Di–So 11–18 Uhr*

STERNWARTE (TAHETORN)
Sie wurde Anfang des 19. Jhs. auf dem Domberggelände errichtet. Besuch im Observatorium mit Planetariumsshow nur nach Voranmeldung. *Lossi 40 | Mo–Fr 8.30–17 Uhr | Tel. 737 57 98 | www.ahhaa.ee*

UNIVERSITÄT (ÜLIKOOL) ⭐
1632 gegründet, wurde die Uni vor Beginn des Nordischen Krieges 1699

geschlossen und erst 1802 von Zar Alexander I. wieder eröffnet. Das beeindruckende klassizistische Hauptgebäude mit den ionischen Säulen wurde 1809 eingeweiht. Deutsch war die Unterrichtssprache in Dorpat, wie Tartu zu der Zeit hieß. Viele deutsche Gelehrte studierten oder lehrten hier; sie brachten Kants Philosophie der Aufklärung und den Idealismus nach Tartu. Die wunderschöne Aula des Hauptgebäudes mit ihrer Empore ist seit jeher Ort für alle festlichen Veranstaltungen an der Uni. *Ülikooli 18 | www.ut.ee*

UNIVERSITÄT-KUNSTMUSEUM (ÜLIKOOL KUSTIMUUSEUM)
Das älteste Museum Estlands existiert seit über 200 Jahren und beherbergt Kopien pompeiischer Wandmalereien, Gipsabdrücke antiker Statuen, aber auch sumerische, ägyptische und griechische Originalstücke. Daneben präsentiert es wechselnde Ausstellungen. *Ülikooli 18 | Mo–Fr 11–17 Uhr | www.ut.ee*

Auf Anfrage im Kunstmuseum kann man sich den „Studentenknast" **Inside Tipp** im Uni-Hauptgebäude zeigen lassen. Dort wurden im 19. Jh. Studiosi, die gegen den Ehrenkodex der Uni verstoßen hatten oder beim Duell erwischt wurden, schon mal über Wochen arretiert.

UNIVERSITÄTSMUSEUM (ÜLIKOOLI AJALOO MUUSEUM)
Zu sehen sind arabische Globen (14. Jh.), die Insignien des Rektors und ein alter Autopsieraum. Besonders interessant ist die Buchsammlung des Bibliothekars Karl Morgenstern (1767–1852). Gezeigt wird auch die

Flagge der ersten estnischen Studentenverbindung, die Vorläufer der heutigen Nationalfahne ist. *Lossi 25 | Mi–So 11–17 Uhr | www.ut.ee*

ESSEN & TRINKEN

CAFÉ SHAKESPEARE
Geboten wird neben dem Essen (Koteletts, Fisch) auch Livemusik. Das Café mit der großen Terrasse liegt neben dem Vanemuine-Theater. *Vanemuise 6 | Tel. 744 01 40 | www. shakespeare.ee | €–€€*

CREPP
Insider Tipp

Leichte französische Küche, auch als Take-away. Das Crepp wurde schon als bestes estnisches Café ausgezeichnet. *Rüütli 16 | Tel. 742 21 33 | €*

GRUUSIA SAATKOND
In der „Georgischen Botschaft" wird kaukasisch aufgetischt, von *badridschani* (gefüllte Auberginen mit Walnusspaste) bis zu feurigem Peperoni-Shashlik. *Rüütli 8 | Tel. 744 13 86 | www.gruusiasaatkond.ee | €€*

NELJAS ASTE
Preisgünstiges Lokal im Keller des Gerichtsgebäudes, bei Tartuern beliebt. *Lossi 17 | Tel. 742 55 74 | €*

PÜSSIROHUKELDER
Insider Tipp

Der Backsteinbau – früher ein Pulverkeller, den die Russen 1778 im Festungsbereich bauten – ist heute eine urig-gemütliche Restaurant-Kneipe. *Lossi 28 | Tel. 730 35 55 | www.pyss.ee | €€*

ÜLIKOOLI KOHVIK ▶▶
Gemütliches Café-Restaurant in einer Jugendstilvilla und eines der beliebtesten Studentenlokale Tartus. Was Wunder bei der Lage – direkt neben der Uni. *Ülikooli 20 | Tel. 737 54 05 | www.kohvik.ut.ee | €–€€*

WERNER
Traditionscafé, Restaurant und Bäckerei im Herzen der Stadt. Leckerer Kuchen, viel studentisches Publikum und Leute, die gern eine Partie Schach spielen. *Ülikooli 11 | Tel. 744 12 74 | €–€€*

EINKAUFEN

ANTONIUSHOF (ANTONIUSE GILD) ▶▶
Insider Tipp

Hier können Sie den Kunsthandwerkern in ihren Ateliers bei der Arbeit zuschauen. Im Hof selbst finden Märkte und Konzerte statt. *Jaani 6/Lutsu 5 | Di–Fr 11–17 Uhr | www. antonius.ee*

ÜBERNACHTEN

BARCLAY
Gediegenes Hotel mit 49 Zimmern im Herzen der Altstadt, Domberg

In der Universitätsstadt Tartu gehört der Laptop zum Handwerkszeug

TARTU

und Rathaus vis-à-vis. *Ülikooli 8 | Tel. 744 71 00 | Fax 744 71 10 | www. barclay.ee | €€€*

CAROLINA
Ein kleines Gästehaus etwas außerhalb vom Stadtzentrum an der Straße nach Tallinn. Einfach, aber gepflegt und funktional. *12 Zi. | Kreutzwaldi 15 | Tel. 742 20 70 | www.carolina.ee | €–€€*

HOTEL DE DORPAT
Tartus größtes und neuestes Hotel, im Juli 2007 eröffnet, supermodern, mit Wellness und Spa. *205 Zi. | Soola 6 | Tel. 733 71 80 | Fax 733 71 81 | www.dorpat.ee | €€–€€€*

LONDON
Neues Hotel in der Innenstadt, nahe der Universität. *60 Zi. | Rüütli 9 | Tel. 730 55 55 | Fax 730 55 56 | www.londonhotel.ee | €€€*

STAREST
Gutes, zweckmäßiges und preiswertes Hotel in einem Vorort. *48 Zi. | Mõisavahe 21 | Tel. 740 06 74 | Fax 748 93 62 | www.starest.ee | €*

UPPSALA MAJA

Schmuckes, kleines, restauriertes Holzhäuschen in der Altstadt. *5 Zi. | Jaani 7 | Tel. 736 15 35 | Fax 736 15 36 | www.uppsalamaja.ee | €€*

VIKERKAARE
Kleines, freundliches Gästehaus im beschaulichen Stadtteil Tähtvere, etwa zehn Minuten Fußweg vom Zentrum entfernt. *11 Zi. | Vikerkaare 40 | Tel. 742 11 90 | Fax 742 11 92 | www. hot.ee/tdc | €€*

FREIZEIT & SPORT
In Tartu lässt es sich gut radeln, speziell am Fluss entlang. Verleih: *Velospets | Riia 130 | Tel. 738 04 06* oder *Sports Store SportTex | Raekoja plats 11 | Tel. 740 10 00*

AM ABEND
JAZZ CLUB ILLEGAARD ▶▶
Jazzclub mit Galerie. Treff von Künstlern und Musikern. Montags ist Pianomusik angesagt. *Ülikooli 5*

KONZERTHAUS (KONTSERDIMAJA)
Das Programm ist vielfältig: Klassik, Chormusik und Jazz. *Vanemuise 6 | Tel. 737 75 30 | www.concert.ee*

KROOKS ▶▶
Szenetreff für Studenten. Geöffnet bis zum Sonnenaufgang. *Jakobi 34*

VANEMUINE THEATER
Estlands ältestes Theater (1870); auch Ballett und Oper. *Vanemuise 6 | Tel. 744 01 65 | www.vanemuine.ee*

WILDE ▶▶
Café, Restaurant und Pub in einem und eine Tartuer Institution. Die beiden Dichter Oscar Wilde und der Este Eduard Wilde, die als Bronzefiguren vor der Tür sitzen, sind sich im Leben nie begegnet. Benannt ist der Laden aber nach dem Verleger Peter Ernst Wilde, der hier im 18. Jh. lebte. *Vallikraavi 4 | Tel. 730 97 62 | www.wilde.ee | €€*

AUSKUNFT
TOURISTENINFORMATION
Es gibt individuelle deutschsprachige Stadtführungen. *Raekoja plats 14 | Tel./Fax 744 21 11 | www.tartu.ee*

■ ZIELE IN DER UMGEBUNG ■
PEIPUS-SEE (PEIPSI JÄRV)

Die Grenze zwischen Estand und Russland verläuft von Nord nach Süd mitten durch den fünftgrößten See Europas (3548 km^2), der eine Länge von 150 km hat. Er lässt sich sowohl von Tartu als auch von Narva aus gut erreichen. Bis nach *Kauksi* [119 E3] am Nordufer sind es von Tartu etwa 90 km. Einsame Strände und die Weite des Sees lassen hier den Puls ruhiger schlagen. Weiter südlich liegt die kleine Stadt *Mustvee* [119 D3] mit vier Kirchen für Baptisten, Lutheraner, Orthodoxe und Altgläubig-Orthodoxe. Kurz hinter Mustvee erstreckt sich das Straßendorf *Raja* 8 km nach Süden am Peipus-See entlang. Die hölzernen Fischerhütten mit den Zwiebel- und Gurkengärten vermitteln ein Gefühl, irgendwo tief in Russland zu sein. Hier leben russische Altgläubige, Fischer, deren Vorfahren seit dem 16. Jh. am Westufer des Sees Zuflucht suchten.

Reizvoll ist ein etwa 90-minütiger Trip von Tartu aus mit dem Tragflügelboot „Polaris" 65 km durch das Delta des Emajögi-Flusses und über den See zum Naturparadies auf der dünn besiedelten Insel *Pirissaar* [121 D2]. Die größte Insel im See („Grenzinsel") ist östlichster Vorposten der EU-Außengrenze. Schön ist hier die Kirche der Altgläubigen im Ort Piiri. *Tartu Sadam AS | Soola 7 | Tartu | Tel. 734 00 66 | www.trans com.ee | Fahrt 200 Kronen*

Insider Tipp

PÕLTSAMAA   [118 C4]
Interessante Kleinstadt (5000 Ew.) etwa 50 km nordwestlich von Tartu. Auf Ordensburgruinen wurde im

Auf die Weiler am Ufer des Peipus-Sees trifft der Begriff „beschaulich" zu

18. Jh. ein *Rokokoschloss* errichtet, das im Zweiten Weltkrieg zerstört wurde. 1970 begann der Wiederaufbau. In den Schlosshof integriert sind die *Nikolaikirche* und das *Stadtmuseum (tgl. 10–18 Uhr)*. Im Schlosshof finden Sommerkonzerte statt.

Insider Tipp Põltsamaa ist die Weinstadt Estlands. Beerenweine werden hier ebenso hergestellt wie der „Põltsamaa Punane", ein Apfelwein. Sogar ein Weinfest gibt es alljährlich im Schlosshof, in dem sich auch der *Weinkeller (Põltsamaa veinikelder | Lossi 1b | www.poltsamaafelix.ee)* befindet. Außerdem besitzt das Städtchen einen *Rosenpark* mit über 900 Sorten *(www.poltsamaalane.pri.ee)*. *Touristeninformation: Lossi 1 | Tel. 775 13 90*

TAEVASKOJA [119 D6]

Die berühmteste Attraktion des Kreises Põlvamaa hat der Ahja-Fluss malerisch in die Landschaft eingekerbt und dabei über 20 m hohe Sandsteinbänke und Höhlen ausgespült: Der 13 m hohe und 190 m lange Felsen ★ *Väike-Taevaskoja* (Kleine Himmelshalle) liegt etwa 40 km südlich von Tartu, knapp 5 km vor Põlva. In den aufragenden Sandstein öffnet sich die *Neitsikoobas* (Mädchenhöhle), eine Felsgrotte mit einer Wasserquelle. Mit 24 m Höhe ist die nahe *Suur-Taevaskoja* (Große Himmelshalle) der höchste Sandsteinfelsen.

Wenige Kilometer nördlich liegt das „Ameisenreich Akste". Etwa 3 Mia. Ameisen leben im *Akste-Naturpark* – verteilt auf 20 km^2 gibt es ca. 1500 Ameisenhaufen, die zum Teil mannshoch sind *(Führungen: Tel. 799 81 98 | www.polvamaale.ee)*. Übernachtungsmöglichkeiten in der Gegend gibt es u. a. im *Relvo Sport-Motell (13 Zi. | Valgjärve | Tel. 799 80 68 | www.relvosport.ee | €)* in *Saverna* [120 C3]. Der an Naturschönheiten reiche Landkreis Polva hat eine schöne deutschsprachige Website: *www.polvamaa.ee.*

VOOREMAA-SEENPLATTE [121 D4]

Ein Paradies für Wassersportler und Angler sind die Seen im Vooremaa-Gebiet, etwa 15 km nördlich von Tartu. Ein beliebter Badesee ist der

> DIE INDIANER ESTLANDS
Die Setu haben sich ihre einzigartige Kultur bewahrt

Ein Eintauchen in eine andere Welt ist eine Fahrt nach Setumaa, in das Land der Setu. Im waldreichen Südosten Estlands lebt dieser archaisch wirkende finno-ugrische Volksstamm, ironisch-liebevoll auch als „Indianer Estlands" bezeichnet. Die etwa 10 000 Köpfe zählenden Setu haben sich die Bräuche und Sitten ihrer Vorfahren erhalten und pflegen ihre farbenprächtigen Trachten, ihre Lieder, Tänze und Feste. Slawischer Einfluss ist unverkennbar. Die Setu sind russisch-orthodoxen Glaubens, auch finden sich in ihrer Religion schamanistische Elemente. Ein regionales Zentrum der Setu ist Värska. Über ihr Leben informiert in *Värska* [121 E4] das *Seto Talumuuseum (Pikk 40 | Mai–Sept. tgl. 10–17 Uhr, Okt.–März Di–Sa 10–16 Uhr | www.hot.ee/setomuuseum)*.

Saadjärv. Unweit davon, im Guts-
hofpark von *Elistvere,* befindet sich
ein *Tierpark (Loomapark | tgl. 10–17
Uhr)* mit Bären, Luchsen und Wisen-
ten. Das Örtchen *Palamuse,* eine der
ältesten Gemeinden Estlands, ist das
Urlaubszentrum der Region. Eine
Glashütte, eine Wassermühle, eine
800 Jahre alte Kirche und ein *Kirch-
spielschulmuseum* gibt es hier *(Mai–
Okt. tgl. 10–18 Uhr).*

VILJANDI

[118 B5] **Die sechstgrößte Stadt Estlands
(21 000 Ew.) ist Zentrum des Kreises Viljandimaa. Nur noch wenige Relikte zeugen
von der einst mächtigen Ordensburg Fellin
und der Hansezeit der Stadt.** Eine 50 m
lange Hängebrücke führt über den
Burggraben zum Schlosspark mit den
Ruinenfragmenten und einer Frei-
lichtbühne. ❅ Von den Ruinen bietet sich ein malerischer Blick auf den
Viljandi-See *(Viljandi järv)*, der mit
einem schönen Sandstrand erfreut.

◼ SEHENSWERTES

VILJANDI MUUSEUM
In der 1780 erbauten Apotheke ist die
Geschichte von Stadt und Burg gut
dokumentiert. *Laidoneri plats 10 |
Mi–So 10–17 Uhr | www.muuseum.
viljandimaa.ee*

◼ ESSEN & TRINKEN

ENDLA KOHVIK
Kleines Restaurant – vom Fischge-
richt bis zum Kuchen. *Endla 9 | Tel.
433 53 02 | €€*

VILJANDI KOHVIK
Bodenständige, schmackhafte Kü-
che. *Lossi 31 | Tel. 433 30 21 | €*

◼ ÜBERNACHTEN

GRAND HOTEL VILJANDI
Elegantes Hotel hinter recht unat-
traktiver Fassade. Restaurant mit in-
ternationaler Küche. *49 Zi. | Tartu 11*

Die Kleine Himmelshalle verschafft
ein wenig „Grand-Canyon-Feeling"

*| Tel. 435 58 00 | Fax 435 58 05 |
www.ghv.ee | €€–€€€*

HOTELL CENTRUM
Liegt im 3. Stock eines Geschäfts-
zentrums und besitzt ein gutes Res-

taurant. *27 Zi. | Tallinna 24 | Tel. 435 11 00 | Fax 435 11 30 | www.centrum.ee | €€*

MÄNNIMÄE
Gästehaus, an einem kleinen Gewässer am Stadtrand gelegen. *13 Zi. | Riia 52d | Tel. 435 48 45 | www.mannimaja.ee | €€*

sind auch Gegenstände aus der bäuerlichen Wirtschaft und ein etwa 100 Jahre altes Klassenzimmer *(Heimtali Muuseum | Pärsti vald | Di–So 9–13.30 u. 14.15–17 Uhr)*.

In der Nähe liegt der gleichnamige *Gutshof Heimtali* mit klassizistischem Gutshaus, einem wunderschönen Park und dem *Gestüt Heimtali*,

Auch in Städten wie Viljandi gibt es noch viele Holzhäuser und Feldwege

▮AUSKUNFT▮
TOURISTENINFORMATION VILJANDI
Vabaduse 6 | Tel. 433 04 42 | www.visitvoru.ee

▮ZIELE IN DER UMGEBUNG▮
HEIMTALI   [118 B5]
Etwa 7 km südwestlich von Viljandi können Sie in einem ehemaligen Schulhaus eine Sammlung alter Handarbeiten bewundern. Zu sehen

das Reitausflüge und Kutschfahrten anbietet *(mobil 507 08 32)*.

OLUSTVERE ⭐   [118 B4]
An der Straße von Viljandi nach Tallinn zeigt ein Wegweiser nach etwa 15 km in Richtung Olustvere. Diese im Jugendstil gebaute Gutsanlage, die inmitten eines weiten englischen Parks liegt, ist durch eine wunderschöne lange Allee erreichbar. Heute

befinden sich im Gut ein kleines Café, ein Museum und ein Infocenter für die Region. Das *Museum (Mai–Aug. Mo–Fr 10–17, Sa/So 11–16 Uhr, Sept.–April Mo–Sa 10–16 Uhr)* zeigt eine interessante Sammlung von rund 170 präparierten Tieren sowie 500 Insektenarten. *Olustvere vald | Tel. 437 42 80 | www.olustvere. edu.ee/~loss/ger*

VÕRTSJÄRV [112 C5–6]
Der See ist mit 270 km² der zweitgrößte Estlands. Nur 3 m tief, wird er im Sommer schnell warm. Wegen seines verschilften Ufers sind Badestellen rar. Bei *Kivilõppe,* südwestlich von Viljandi, und an der Nordspitze bei *Vaibal* gibt es aber schöne Bademöglichkeiten.

VÕRU

[120 C4] Eingebettet in die Höhenzüge Südostestlands liegt das Städtchen (16 000 Ew.) am Ufer des Tamula-Sees. Es beeindruckt durch ein schachbrettartig aufgebautes Straßennetz: Võru wurde 1784 von Zarin Katharina II. am Reißbrett gegründet. Viele zweistöckige Holzhäuser prägen den Stadtkern, den eine orthodoxe und eine lutherische Katharinenkirche *(Katariina kirik)* bereichern. Die Region um Võru mit ihren dichten Wäldern, den Urstromtälern und Seen ist ein bei Anglern, Wanderern und Wintersportlern beliebtes Erholungsgebiet.

SEHENSWERTES
KREUTZWALDI MEMORIAALMUUSEUM
Aus Võru stammte der Verfasser des Nationalepos „Kalevipoeg", der Arzt Friedrich Reinhold Kreutzwald. Seine Praxis ist heute ein kleines Museum. *Kreutzwaldi 31 | Mi–So 11–18 Uhr*

ESSEN & TRINKEN
OLLE NR. 17
Preiswert und nett mit Kneipenflair. Kleine Suppen, saftiges Rumpsteak. *Jüri 17, Tel. 782 84 61 |* €

RÄNDURI PUBI
Kneipenrestaurant und einfaches Gästehaus (9 Zi.) in der Innenstadt. Gute Hausmannskost nach Art des Landes. *Jüri 36 | Tel. 786 80 50 |* €

>LOW BUDGET

> Tartu ist eine Studentenstadt, und in den beiden *Uni-Wohnheimen Pepleri (Narva mnt. 27)* und *Raatuse (Kreutzwaldi 52)* finden sich während der Sommerferien günstige und saubere Unterkünfte. *Tel. 740 99 55 | www.kyla.ee*

> Bei *Pappa Pizza* wird man in Tartu wirklich günstig schnell satt: große Pizzen zu kleinen Preisen. *Rija 7 | Tel. 742 79 33 | www.pappapizza.ee*

> Live-Urlaubsgrüße aus Tartu? Einfach zu einem vereinbarten Zeitpunkt vor den Studenten-Brunnen stellen und zum Rathaus hochwinken: Eine Webcam filmt vom Balkon hinunter. Die Kamera im Web: *www.tartu.ee* und *www.ilm.ee/tartu*

> Auch ohne Schnee kann man im estnischen Wintersport-Mekka Otepää Spaß haben für kleines Geld haben, z. B. auf Seilen im *Seiklus-Kletterwald.* Nichts für Leute mit Höhenangst. *Tehvandi 3 | www.seikluspark.ee*

EINKAUFEN

KARMA ANTIQUES *(Insider Tipp)*

Neben der Katharinenkirche kann man in einem alten Gebäude in Estlands wohl größtem Antikladen stöbern. *Koidula 14 | www.antiques.ee*

ÜBERNACHTEN

HOTEL KUBIJA

Im Ortsteil Kubija nahe dem gleichnamigen See mit gutem Restaurant. Jüngst komplett renoviert. *57 Zi. | Männiku 43a | Tel. 786 60 00 | Fax 786 60 01 | www.kubija.ee | €€*

TAMULA

Modernes Hotel mit 22 Zimmern, direkt am See. Fahrradverleih und umfassende Wintersportangebote: Eisfischen, Skilanglauf im angrenzenden Haanja-Naturpark, Snowboarden und Alpinski in Kütiorg. *22 Zi. | Vee 4 | Tel. 783 04 30 | Fax 783 04 31 | www.tamula.ee | €€*

AUSKUNFT

TOURISTENINFORMATION VÕRU

Tartu 31 | Tel. 782 18 81 | www.visit voru.ee

ZIELE IN DER UMGEBUNG

GROSSER EIERBERG (SUUR MUNAMÄGI) ⭐ ☼ [121 D5]

Der Berg ist mit 318 m der höchste Punkt des Baltikums. Er liegt 18 km südlich von Võru beim Dorf Haanja. Vom Aussichtsturm, der einen Lift besitzt, bietet sich ein bis zu 80 km weit reichender Blick tief nach Russland oder Lettland hinein *(Mai–Sept. tgl. 10–20, Okt. Sa/So 10–17 Uhr | www.suurmunamagi.ee)*. Zu Füßen des Großen Eierbergs erstreckt sich der *Vaskna järv*, ein schöner Badesee.

Beide liegen im 170 km² großen *Haanja-Naturpark (Haanja looduspark)* mit seinen tiefen Tälern und vielen malerischen Seen *(www.hanja park.ee)*.

Wollen Sie diese traumhafte Natur länger genießen, sollten Sie einen Stopp auf dem *Hof Vaskna* direkt am See machen. *13 Zi. | Plaksi küla | Haanja vald | Tel. 782 91 37 | www. vaskna.ee | €*

PIUSA-SANDSTEINHÖHLEN (PIUSA KÜLA) [121 D4]

Mehr als 20 km Tunnel und Höhlen hat man bis 1966 bei Piusa in den weichen Sandstein gegraben, um Quarz abzubauen. Die Höhlen liegen etwa 23 km östlich von Võru. Ein Spaziergang unter Tage und mit fachkundiger Führung lohnt nicht nur wegen der großen Fledermauskolonie *(Orava vald | Põlvamaa)*. Infos bei der *Touristeninformation* in Põlva *(Kesk 42 | Tel. 799 50 01)*.

20 km weiter nördlich sollten Sie die 1938 als solche identifizierten *Meteoritenkrater von Ilumetsa* [121 D4] besuchen. Am Rand eines Waldgeländes an der Straße von Põlva nach Värska begrüßen Sie zur Einstimmung hölzerne Teufelchen, denn im Volksmund gelten die Krater als Tore zur Hölle. Einen architektonischen Abstecher von dort ist das klassizistische *Herrenhaus Sillapää* in Räpina wert. Im Gutspark wachsen über 300 Baum- und Straucharten *(www.rapina.ee)*.

Gute Übernachtungsmöglichkeiten in der Region bieten das *Ferienzentrum Hirvemäe* (12 Zi. | Silla 4 | Tel. 797 61 05 | Fax 797 61 14 | www. hirvemae.ee | €) in *Värska* [121 E4] und das *Hotell Pesa (30 Zi. | Uus 5 | Tel. 799 85 30 | Fax 799 85 31 | www. kagureis.ee | €€)* in *Põlva* **[121 D3]**.

RÕUGE   **[120 C5]**

Insider Tipp

Die wie in die Landschaft geschnitzten Urstromtäler und die sieben malerischen Seen um das Örtchen Rõuge, 14 km südwestlich von Võru, sind von besonderem Reiz. Mit 38 m ist der *Rõuge Suurjärv* der tiefste See Estlands. Das nur 300 m lange *Tal der Nachtigallen (Ööbikuorg)* hinter der Marienkirche von Rõuge, dessen 15 m hohe Hänge von dichtem Laubwald bestanden sind, ist im Frühjahr von Vogelgezwitscher erfüllt.

URVASTE   **[120 B4]**

Die einzige Basilika Estlands, die nicht in einer Stadt zu finden ist, steht beim Dörfchen Urvaste, etwa 25 km westlich von Võru oberhalb des Sees Uhtjärv. Und noch etwas gibt es dort zu bestaunen. Nahe der Dorfschule steht ein Ehrfurcht einflößender Baum: die *Tamme-Lauri tamm*. Diese etwa 550 Jahre alte Eiche hat einen Stammumfang von 8 m und eine Höhe von rund 20 m; ihr hohler Stamm wird durch Beton gestützt. Diese Eiche ziert den estnischen Zehn-Kronen-Schein.

VASTSELIINA   **[121 D5]**

Knapp 20 km südöstlich von Võru liegt auf einem Höhenzug bei der Gemeinde Vana-Vastseliina die Ruine der Bischofsburg Vatseliina. Die im Nordischen Krieg zerstörte Festung wirkt noch immer faszinierend romantisch. Am Burghang wartet die alte Grenzkneipe *Piiri Kõrts (Tel. 782 92 14 | €)* auf hungrige Gäste.

Eine ganze Reihe solch friedlicher Seen findet sich im Haanja-Naturpark

> JENSEITS VON TALLINN

Schlösser, Seen, Insel-Hopping: Estland hat viele Gesichter

Die Touren sind auf dem hinteren Umschlag und im Reiseatlas grün markiert

1 FASZINIERENDE NATUR, IMPOSANTE SCHLÖSSER

Der Ausflug führt von Tallinn in Richtung Osten durch das urwüchsige Naturparadies des Lahemaa-Nationalparks und von dort zum Peipus-See (Peipsi järv). Entlang des riesigen Binnenmeeres fahren Sie weiter bis zur Universitätsstadt Tartu. Für die etwa 300 km lange Tour sollten Sie mehrere Tage mit Übernachtungen einplanen.

Nach Ihrem Start in Tallinn verlassen Sie die Fernstraße 1 Richtung Narva bei etwa km 50 hinter Kuusalu und biegen links nach Kolga und Võsu ab. Vorbei an Mooren und durch Kiefernwälder führt die etwa 20 km lange Strecke zur Küste. Vor Võsu geht eine kurze Stichstraße zum Örtchen **Käsmu** *(S. 45)* an der gleichnamigen Bucht. Das verträumte Käsmu war zu Zarenzeiten als „Dorf der Kapitäne" bekannt. De-

Bild: Sagadi Mõis im Lahemaa-Nationalpark

AUSFLÜGE & TOUREN

ren Holzvillen und das Meeresmuseum legen Zeugnis davon ab. Große Findlinge liegen hier zu Hunderten am Wasser, mächtige Überbleibsel der letzten Eiszeit. Entlang der Küste und um Käsmu gibt es herrliche Wanderwege. Weiter geht die Fahrt zum feinen Sandstrand von *Võsu* in der Mitte der Käsmu-Bucht. Die hier flache Ostsee lädt zum Baden ein. Von Võsu gelangt man über die Vergi-Halbinsel zum 500 Jahre alten Fischerdorf **Altja** *(S. 45)* mit der restaurierten Dorfschänke *Altja Kõrts* – Zeit für eine Pause.

Die Tour führt nun in einem Bogen westwärts ins Landesinnere, vorbei an den drei deutsch-baltischen Gutsanlagen Vihula, Sagadi und Palmse. Das in Altrosa gehaltene *Sagadi Mõis* besitzt einen schönen Park, und in einem Nebengebäude ist ein *Forstmuseum* untergebracht *(Mai–Sept. tgl. 11–18 Uhr)*. Im barocken Gutsschloss von **Palmse** *(S. 45)* lebte bis 1923 die Familie von der Pahlen. Heute beherbergt es u. a. ein kleines *Museum (Mai–Sept. tgl. 10–19, Okt.–April tgl. 10–17 Uhr)*. Beeindruckend sind die riesigen Kachelöfen, die die großzügigen Wohnräume des Adels beheizten. Schlendern Sie ein wenig durch den weitläufigen Landschaftspark (18 ha), der hinter dem Schloss beginnt. Von Palmse ist es nur eine kurze Fahrt bis *Viitna* und zum Restaurant **Viitna Kõrts** *(S. 45)* an der Fernstraße 1, die Sie Richtung Narva weiterfahren. Kurz vor Rakvere lohnt ein Abstecher auf der Straße 20 zur Küste nach Kunda, zu den westlich davon emporragenden Relikten der **Ordensburg Toolse** *(S. 55)*. Zurück geht es nach **Rakvere** *(S. 53)*. Dort sollten Sie unbedingt den ☘ Wallberg (Vallimägi) mit den imposanten Ruinen der Ordensburg erklimmen.

Von Rakvere brechen Sie auf der Straße 21 zum Peipus-See auf. Die einsame Strecke führt etwa 50 km durch Kiefernwälder und an kleinsten Dörfern vorbei bis zum Abzweig nach Avinurme. Auf der Straße 35 Richtung Osten und wenige Kilometer auf der Schotterstraße 88 südwärts gelangen Sie zum Nordufer des **Peipus-Sees** *(S. 81)* bei Rannapungerja und Kauksi. Die Dünen und die einsamen Sandstrände sind traumhaft schön. Übernachten können Sie in zwei romantischen Holzhütten im Wald, 2 km von Kauksi entfernt: *Kauksi Puhkemaja (4 bzw. 10 Betten | Tel. 337 29 96 | Fax 336 92 73 | http://my.tele2.ee/kau ksipuhkemaja | €)* oder bei *Kauksi Camping (Juni–Sept. | Hanseni 17 | Iisaku vald | Tel.*

339 38 40 | Fax 339 35 95 | http://tis ler.ee).

Vom Norden des Peipus-Sees fahren Sie am Ufer entlang südwärts zum Hauptort *Mustvee*, einem Zentrum der Altgläubigen. Das angrenzende Straßendorf *Raja* vermittelt einen Hauch von tiefstem Russland. Weiter geht aus auf der Straße 43. Für ein – eventuell mehrtägiges – Innehalten am Peipus-See bietet sich das ☘ *Marja-Haus* beim Dörfchen Ranna an, ein Gästehaus mit einem weiten Blick auf den See und viel Atmosphäre *(6 Zi. | Tel./Fax 776 53 66 | www.marjanmaja.com | €)*. Nur wenig südlich davon liegt der Fischerort *Kallaste* an der einzigen Steilküste des Peipus-Sees, einem ☘ roten Sandsteinkliff von 600 m Länge. Auch das nahe, sehr englisch wirkende *Schloss Alatskivi*, ein schöner neugotischer Bau, ist einen Halt wert: Das um 1880 errichtete Schloss wird peu à peu renoviert und ist schon jetzt ein Kulturzentrum *(Mai–Sept. Mi–So 9–19 Uhr | www.muu saa.ee)*. Von dort ist es noch eine halbe Autostunde auf der 43 bis nach **Tartu** *(S. 76)*, wo die Reise endet.

Insider Tipp

2 INSELSPRINGEN IN DER OSTSEE

🚗🚢 **Über die Inseln Muhu, Saaremaa und Hiiumaa führt die Route von Virtsu wieder zurück aufs Festland zum Seebad Haapsalu. Die Tickets (2 Personen/PKW) für die drei vorgesehenen Fährfahrten Virtsu-Kuivastu, Triigi-Sõru und Heltermaa-Rohaküla kosten zusammen etwa 500 Kronen (ca. 32 Euro). Die Passagen dauern 30–90 Minuten (im Sommer ist Vorbuchung ratsam, *Tel.***

452 44 44, www.laevakompanii.ee). Planen Sie für die ca. 300 km lange Strecke mit Abstechern drei Tage ein.

Die Fahrt beginnt mit einer kurzen Seereise von *Virtsu* zum Inselhafen *Kuivastu* auf **Muhu** *(S. 65)*. Schon kurz hinter Kuivastu führt ein Abzweig von der Straße 10 südwestlich auf einer Schotterpiste zum **Gutshotel Pädaste** *(S. 66)* mit kleinem Restaurant und Park, das Sie einfach sehen sollten. Weiter geht es auf der 10 vorbei an Wacholderheiden und Kiefernwäldern in Richtung Kuressaare. In der Mitte von Muhu lohnt die *Katharinenkirche* (1280) in *Liiva* mit ihren Malereien einen Besuch. Direkt daneben können Sie sich im **Aki Körts** *(S. 66)* stärken. Auch die *Bockwindmühle* von *Eemu* ist einen Stopp wert. Beide Ziele liegen direkt an der Strecke. Die kleine Hofwindmühle

knapp 1 km vor dem Damm nach Saaremaa ist ein *Museum (15. April–Sept. Mi–So 10–18 Uhr)*.

Schon etwa 3 km zuvor führt eine Teerstraße 6 km rechts ab zum **Museumsdorf Koguva** *(S. 65)*. Der Tooma-Hof mit dem moosbegrünten Steinwall am Dorfeingang ist das Geburtshaus des Schriftstellers Juhan Smuul und heute ein *Museum (im Sommer tgl. 10–19 Uhr, sonst Mi–So 10–18 Uhr)*. Sollten Sie Gefallen an der Idylle finden, können Sie in einigen alten Bauernhäusern ein preiswertes Nachtquartier buchen *(www.saaremaa.ee//koguva)*. Zurück auf der 10 gelangen Sie über einen 2 km langen Damm zur Insel **Saaremaa** *(S. 62)*.

Gleich nach dem Damm hält der Ort *Orissaare* einen Schnappschuss bereit: Er besitzt den wohl weltweit einzigen ==Fußballplatz,== auf dem fast

Moosbewachsener Steinwall als Einfriedung im Museumsdorf Koguva

in der Spielfeldmitte eine große Eiche steht. Weiter führt die Straße vorbei an Elch-Warnschildern, Feldern, Wacholderheiden, Kiefern- und Birkenwäldern. Etwa 16 km vor der Inselhauptstadt Kuressaare sollten Sie sich die 3 km rechter Hand hinter einer Waldstraße liegenden **Meteoritenkrater von Kaali** *(S. 65)* anschauen. Der Weg ist gut ausgeschildert. Zurück auf der Hauptstraße sind es noch 20 Autominuten bis **Kuressaare** *(S. 62)*. Eine prima Übernachtungsmöglichkeit vor dem Inselzentrum finden Sie auf der Rootsi-Halbinsel. Der *Ferienhof Aadu* ist bestens ausgerüstet *(5 Zi. | Suure-Rootsi küla | Pihtla vald | Tel. 452 95 50 | Fax 452 11 03 | www.aadutalu.ee | €)*. Nehmen Sie die Abfahrt Richtung Püha und fahren Sie dann über Vaiver zur Halbinselspitze Suure-Rootsi.

Nach einem Tagesbesuch in Kuressaare geht die Fahrt über die asphaltierte Straße 79 nordwärts Richtung Leisi und Triigi, von wo im Sommer viermal täglich die Fähre nach Hiiumaa verkehrt. Etwa 35 km hinter Kuressaare passieren Sie das Wahrzeichen Saaremaas: die fünf **Windmühlen von Angla** *(S. 66)*. Durch Leisi gelangen Sie dann zur einsamen Mole von Triigi und setzen von dort die 15 km nach Sõru auf Hiiumaa über.

Von Sõru sind es etwa 37 km die Küste entlang (Straße 84) zum ☀ **Leuchtturm von Kõpu** *(S. 60)*, dem Wahrzeichen **Hiiumaas** *(S. 60)*. Zurück nehmen Sie die etwa 30 km lange einsame Schotterstraße quer durch die Insel, durch Kiefern- und Mischwälder, die sich mit Heiden abwechseln, südwärts bis *Käina*. Die Käina-Bucht

ist ein interessantes Vogelschutzgebiet. Erwägen Sie auch einen Abstecher auf die reizvolle **Kassari-Halbinsel** *(S. 60)*. Von Käina aus sind es noch 14 km bis zum Inselhafen *Heltermaa*. Von Heltermaa setzen Sie per Fähre aufs Festland nach *Rohuküla* über. Auf der Weiterfahrt zum wenige Kilometer entfernten **Haapsalu** *(S. 56)* kommen Sie an der Schlossruine von *Ungru* und den Hangars von *Kiltsi* vorbei. In Haapsalu endet die Tour, vielleicht bei einer Tasse Kaffee im Kursaal an der Ostsee.

3 VON LANDSTÄDTCHEN ZU LANDSTÄDTCHEN

🚗 **Der Tagesausflug führt durch den Norden des Landkreises Viljandimaa über den Blumenort Türi bis zum Städtchen Paide, dem Zentrum des Landkreises Järvamaa. Länge der Strecke: 90 km.**

Sie starten in **Viljandi** *(S. 83)* und fahren auf der Straße 49 nordwärts, vorbei an kleinen Seen und Mooren. Etwa bei km 14 biegen Sie hinter Mudiste links ab auf die Straße 57 zum 7 km entfernten **Suure Jaani**. Das Örtchen lockt mit einem malerischen Stausee. Sehenswert sind auch das Denkmal des altestnischen Freiheitskämpfers Lembitu und die Kirche. In die Innenwand des Kirchturms ist „Annes Kreuz", ein sogenanntes Kreiskreuz, eingemauert. Der Legende nach soll eine Frau namens Anne während des Livländischen Kriegs Pesttote gewaschen und angekleidet haben. Aus Dankbarkeit fertigten Bauern das Kreuz. Auf dem Friedhof ruhen einige Große der estnischen Kulturgeschichte wie der Maler Johann Köler und der Komponist Artur Kapp. Ein *Museum* informiert über das Schaffen der Musikerfamilie Kapp *(Tallinna 30 | April–Okt. Di–Sa 10–13.30 u. 14–17 Uhr; Nov.–März tgl. 11–15 Uhr)*.

Auf dem nördlichen Weg zurück zur Straße 50 liegt der *Lõhavere linnamägi,* der Burghügel. Die nach dem Helden Lembitu benannte einstige Burg wurde im 12. Jh. errichtet. Knapp 3 km weiter steht die **Gutsanlage Olustvere** *(S. 84)* in einem schattigen Park: Herrenhaus, Nebengebäude, Schmiede und Speicher sind komplett erhalten. Auf einer Allee geht die Fahrt weiter, bis Sie auf die Straße 50 nach Norden einbiegen. In Võhma fahren Sie 7 km Richtung Põltsamaa, ehe es links nach **Pilistvere** geht. Die dortige Kirche hat übrigens den höchsten Turm aller ländlichen Kirchen Estlands.

Von Pilistvere fahren Sie nun wenige Kilometer auf einem Schotterweg bis Kabala – queren dabei die Straße 50 – und fahren dann auf der Straße 26 noch etwa 14 km weiter zur Blumenstadt **Türi** (7000 Ew.). Im Mai gibt es dort einen weithin bekannten Blumenmarkt. Parks, Alleen und ein Stausee verschaffen dem Ort ein entspanntes Flair. Radiofreunde sollten einen Blick ins *Rundfunkmuseum* werfen *(Vabrikku 11 | Di–Sa 10–17 Uhr | www.rhmuuseum.ee)*.

Von Türi sind es noch 12 km bis zum Zielort **Paide** (9500 Ew.). Auf dem Weg dorthin passieren Sie eine ungewöhnliche Landschaft aus etwa 60 eiszeitlichen, bis zu 70 m hohen Hügeln. Die sogenannten ☸ *Drumlins* ermöglichen teils schöne Ausblicke auf die Landschaft. Das Städtchen Paide selbst charakterisiert sich

als „Herz Estlands" – *Eestima süda.* Paide heißt übersetzt Kalksteinstadt: Das Baumaterial der mittelalterlichen Häuser stammte aus Kalksteinbrüchen in der Nähe. In der Stadt sollten Sie die Ruinen der Ordensburg mit ihrem 30 m hohen Wehr-

Auch in der „Kalksteinstadt" Paide gibt es einige Häuser aus Holz

turm besuchen: Im *Pikk Hermann* befinden sich eine Filiale des Heimatmuseums (Mi–So 11–18 Uhr), eine Galerie sowie ein Café. ☸ Eine Aussichtsplattform erlaubt einen wunderbaren Blick über die Stadt. Sehenswert sind auch die klassizistischen Häuser am Hauptplatz *Keskväljak* – wie der *Kaubahoov,* ein Handelshof aus dem 18. Jh.

EIN TAG IN TALLINN
Action pur und einmalige Erlebnisse.
Gehen Sie auf Tour mit unserem Szene-Scout

STYLISHER STARTER

8:00

Schön und köstlich – so beginnt der Tag im futuristischen *Restoran Berlin*. Sich am überdimensionalen Frühstücks-buffet satt zu essen ist kein Problem. Sich am stilvollen Interieur mit Steinmauern, Spiegelwänden und außergewöhnlichen Accessoires satt zu sehen ist dagegen fast unmöglich! Hell, klar und très chic: durchstarten mit Stil! **WO?** *Roseni 13 | Tel. 667 45 08 | www.berlin.ee*

8:45

ACTION AUF DEM WASSER

Ärmel hochkrempeln, jetzt wird gepaddelt! Im Tallinner Hafen besteigt man die Kajaks.

Vom Wasser aus kann man die schönsten Ansichten der Stadt bewundern. Fotofans bekommen die besten Motive vor die Kamera: Neben der Ausrüstung sind auch Digitalfotos im Preis inbegriffen – für die spontane E-Mail in die Heimat! **WO?** *Seikleja | unter Tel. 513 71 41 | Gruppen ab 6 Personen | Kosten: ca. 470 Kronen | www.seikleja.com*

LIGHT LUNCH

13:00

Tempo drosseln und tief durch-atmen. Knurrt schon der Ma-gen? Der Weg ins Restaurant *C'est la vie* ist nicht mehr weit. Wie das Leben hier ist? Sehr stilvoll, geschmackvoll und natürlich von köstlichen internationalen Menüs begleitet. Wer nur einen Snack will, wechselt ins gleichnamige Café – superlecker! **WO?** *Suur-Karja 5 | Tel. 641 80 48 | www.cestlavie.ee*

14:00

DIE VERGANGENHEIT LEBT

Mauern, Gänge, Unterwelten: Die *Old Town Walking Tour* präsentiert Tallinn in einem ganz neuen Licht! Beim Betreten der mittelalterlichen Gefängnis-und Kanonentürme und geheimnisvollen Gassen lebt die Ver-gangenheit auf. Besonderes Gänsehaut-Highlight: der Weg durch die dunklen Gänge der unterirdischen Bastionen. **WO?** *Citybike, Uus 33 | Do–So, Di | Anmeldung bis 11 Uhr unter Tel. 511 18 19| Kosten: 185 Kronen/2 Std. | www.citybike.ee*

24 h

KREATIV NACH OBEN

16:15

Rauf auf den Domberg, den grandiosen Blick auf die Altstadt genießen und frisch inspiriert beim Keramikstudio *Bogapott* anklopfen. Kreativität spielen lassen und unter professioneller Anleitung ein eigenes Kunstwerk entwerfen. Wer von seinem Machwerk schließlich doch nicht so begeistert ist, kann auch im Shop zuschlagen.

WO? *Pikk jalg 9 | Anmeldung unter Tel. 631 31 81 | www.bogapott.ee*

17:30

KÖNIGLICH RELAXEN

Runterfahren und durchatmen – im exklusiven *Wiide Salong* in Kadriorg. Im privat anmutenden Day-Spa lässt es sich beim 2,5-stündigen „Golden Spa"-Paket traumhaft relaxen: Nach Peeling, Mineralbad und einer Massage mit Blumenöl wird die Wellness-Session mit einer Kosmetikbehandlung abgerundet. Schöner entspannen geht nicht!

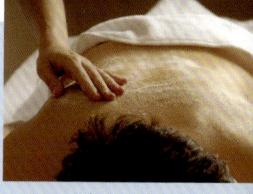

WO? *Wiide Päeva Spa & Salong, Wiedemanni 13-1A | Anmeldung unter Tel. 506 49 99 | Kosten: Paket ab 1100 Kronen | www.wiidesalong.ee*

DINING ÜBER DEN DÄCHERN

20:45

Schick, schicker, *Vertigo:* Sehen und gesehen werden heißt es im Lokal von Jamie Olivers estnischem Pendant. Starkoch Imre Kose zaubert über den Dächern von Tallinn exquisite internationale Küche von Linguini mit Fenchel bis Limonenrisotto. Ein „Vertigo Special Mojito Deluxe" als Aperitif ist hier Pflicht! **WO?** *Rävala pst 4, 9. Stock | Tel. 666 34 56 | www.vertigo.ee*

23:00

CLUBBING HOCH ZWEI

Abtanzen in den coolsten Läden der Stadt! Der *Club Privé* ist der Klassiker der Tallinner Nightlife-Hotspots: Hier gibt's die angesagtesten Beats von Soul bis R'n'B auf die Ohren. Noch nicht genug? Dann schnell in den *Club von Überblingen* mit superstylishem Interieur und VIP-Balkon.

WO? *Club Privé, Harju 6 | Tel. 631 05 45 | www.clubprive.ee; Club von Überblingen, Madara 22a | Tel. 660 88 05 | www.uberclub.ee*

> SEGELN UND RADELN, ANGELN UND REITEN

Das Angebot für Aktivurlauber ist in den vergangenen Jahren erheblich erweitert worden

> Im Segeln und Radfahren stellen die Esten gute Athleten – Sportarten, denen die Natur Entfaltungsmöglichkeiten bietet. Deren touristischen Wert für Aktivurlauber hat man erkannt: In Estland können Sie tagelang über einsame Straßen radeln, durch Wälder und Heiden wandern, paddeln, reiten, segeln, tauchen, Golf spielen und angeln. Der Schwerpunkt des Angebots liegt im Wassersport, im Reiten und bei Radwanderungen. Und noch etwas: Estland ist ein Wintersport-Geheimtipp.

ANGELN

Angeln hat in Estland Nationalsportcharakter. Angeln ohne Rute, nur mit Haken und Schnur, ist lizenzfrei, ansonsten brauchen Sie einen Angelschein. Ein tolles Angelrevier ist der Soomaa-Nationalpark; Lizenzen gibt es im Infozentrum *(www.soomaa.ee)* und bei den lokalen Touristinformationen. Der Verband „Urlaub auf dem Land" vermittelt speziell in Südestland Ferienhäuser mit Angelrevier

> www.marcopolo.de/estland-tallinn

SPORT & AKTIVITÄTEN

(Eesti Maaturism | Vilmsi 53B | Tallinn | Tel./Fax 600 99 99 | *www.maaturism.ee*). Ein Hotspot der estnischen Angelreviere ist der Lahemaa-Nationalpark. Informationen im Besucherzentrum *(www.lahemaa.ee)*. In Tallinn ist der Angelclub *Tallinna Kalaspordi Klubi (Pärnu 42 | Tel. 644 46 90)* erste Adresse für eine Lizenz *(3 Tage 18 Kronen, Jahreslizenz ca. 190 Kronen, für einige Flüsse bis zu 500 Kronen)*. *www.flyfishing.ee*

▪ BIRDWATCHING

Estland ist ein Mekka für Vogelfans. 333 Vogelarten haben Ornithologen im Land nachwiesen, viele davon kommen hier als Brutvögel vor, darunter Raritäten, die europaweit auf der Roten Liste stehen, wie Schwarzstorch, Regenbrachvogel oder Moorschneehuhn. Einige estnische Birdwatcher-Hits: das Vogelschutzgebiet Kassari in der Kaina-Bucht auf Hiiumaa, das Naturschutzgebiet Matsalu südlich von Haapsalu und der Nationalpark Vilsandi vor Saarema. Im Soomaa-Nationalpark gibt es Kanutouren zur Vogelbeobachtung *(www. soomaa.com/ger)*. Vogeltouren in Westestland bieten an: *Moonsund (Vabaduse 5 | Kärdla/Hiiumaa | mobil 56 48 09 98 | www.moonsund.ee)*

Natur erleben im Kanu auf den Seen ...

oder *Kumari Reisid (Läänemaa | Tel. 477 82 14 | www.kumari.ee)*. Einen Überblick über Schutzgebiete gibt die Ornithologische Gesellschaft: *www.eoy.ee*.

GOLF

Dieser Sport ist im Kommen. 23 km von Tallinn entfernt liegt der *Estonian Golf & Country Club* an der Ostsee, eine Golfanlage mit 27 Löchern *(Jõelähtme | Manniva | Büro Tallinn: Maakri 23 A | Tel. 666 21 21 | www.egcc.ee)*. 19 km südlich von Tallinn befindet sich der *Suuresta Golfclub*, ein 9-Loch-Kurs, der noch erweitert wird *(Suuresta | Rae vald | Harjumaa | Tel. 507 74 70 | www.golf est.ee)*. Infos über Golfplätze unter *www.golf.ee*.

KAJAK, KANU & RAFTING

Tret- und Ruderboote können Sie an vielen Seen mieten. Sommerhausvermieter und Ferienhöfe haben häufig Boote mit im Angebot. Etliche Veranstalter organisieren Kanutouren. Der Ahja-Fluss im Südosten ist eher etwas für Einsteiger, während der Võhandu einige Stromschnellen aufweist. Anbieter sind *Kagureis (Tel. 799 85 30 | www.kagureis.ee)* und *VesiPapp (Tel. 514 54 30 | www.vesi papp.ee)*. Beliebt ist auch das Rafting mit Schlauchbooten auf dem Pirita-Fluss, Veranstalter ist *VeeTee (Tel. 767 99 63 | www.veetee.ee)*. Reizvoll sind ==Kajakwandertouren auf der Ost-see== durch die estnische Inselwelt, Anbieter: *Seikleja (Tel. 513 71 41 | www.seikleja.com)* und *Reimann Retked (Tel. 511 40 99 | www.retked.ee)*. Informationen über Kanutrips im Soomaa-Nationalpark unter *www. soomaa.com*.

Insider Tipp

RADFAHREN

Die schönste Region für Radfahrer ist das waldreiche, leicht hügelige Gebiet Südestlands zwischen Pärnu und Tartu. Es gibt dort geführte Touren; Alleinradler benötigen spezielle Reiseliteratur. Der Radclub *Vänta Aga* hat unter *www.bicycle.ee* Touren beschrieben, Radläden und Reparaturwerkstätten aufgelistet. Landesweit Räder verleiht *Hawai Express (www.hawai.ee)*. In Tallinn können Sie bei *BC Rent (Lauluväljak | Tel. 520 62 04)* und *Citybike (Narva 120B | Tel. 511 18 19 | www.city bike.ee)* Räder mieten. Citybike bietet auch ==Stadtführungen per Rad== und Tagestouren nach Lahemaa und Paldiski an; die Räder werden per Auto

Insider Tipp

SPORT & AKTIVITÄTEN

zurückgebracht. Auf Saaremaa vermietet *Bivarix (Tallinna 26 | Kuressaare | Tel. 455 71 18 | www.bivarix. ee)* Räder. Die Leihgebühr liegt überall zwischen 8 und 14 Euro pro Tag, es gibt aber ermäßigte Wochentarife.

REITEN

Viele Urlauber-Bauernhöfe und Ferienanlagen bieten Reitunterricht, Ausritte und mehrtägige Touren an, besonders im Südosten und um den Lahemaa-Nationalpark herum. Unter *www.visitestonia.com* sind rund 50 Reiterferien-Angebote aufgelistet. Auf dem *Gut Kohala* bei Rakvere können Sie auf Islandpferden die Gegend genießen *(Tel. 325 77 96 | www. kohalamois.ee)*. Das *Gestüt Heimtali* bei Viljandi bietet Unterricht für Anfänger, Touren, Kutsch- und Schlittenfahrten sowie Ponyreiten für Kinder an *(Tel. 507 08 32 | http://my. tele2.ee./hobusekasvandus)*. Auf Hiiumaa können Sie am Meer und im Wald galoppieren *(Kassari Ratsamatkad | Tel. 508 36 42 | www.kassa riratsamatkad.ee)*.

SEGELN

Schöne Segelreviere sind die estnische Inselwelt, die Vooremaa-Seenplatte oder auch der Võrts-See. Infos zu Yachthäfen an der Ostsee gibt es beim Seetourismus-Verband unter *www.agentuur.ee/sadamad/harbour*. Boote für Törns in die Tallinner Bucht chartern können Sie bei *Spinnaker (Pärnu 327 | Tallinn | Tel. 504 30 31 | www.spinnaker.ee)*. Der Tallinner Schoner „Iris" segelt in die Inselwelt und bis zu den finnischen Ålands *(Regati 1–33 | Tel. 506 81 52 | www.kippar.ee)*.

WANDERN

Durch fast alle Naturschutzgebiete führen markierte Pfade. Schöne Wanderstrecken besitzt der Lahemaa-Nationalpark *(www.lahemaa. ee)*. Im Soomaa-Park gibt es etliche gekennzeichnete Routen, dort kann man auch einen Guide buchen *(www.soomaa.ee)*. Rund um Otepää und den Pühajärv in Südestland führen herrliche Wege; Touren und Anbieter unter *www.otepaa.ee*.

WINTERSPORT

In und um Otepää dreht sich alles um Skilanglauf. Loipen führen durch eine traumhafte, vielfach noch ganz ursprüngliche Natur. Skier können Sie in vielen Hotels leihen. Auch in den Landkreisen Võrumaa, Jarvamaa und Viljandimaa ist Skisport angesagt.

... oder beim Reiten am Strand der Ostsee

> PFERDE STRIEGELN UND HÄSCHEN STREICHELN

Nicht nur Meer, Sandburgen und Strände warten auf junge Besucher

> **In Estland sind die Menschen ausgesprochen kinderfreundlich. Allerdings beginnt sich die Erkenntnis, dass man den kleinen Urlaubsgästen mehr bieten sollte als kleine Portionen in Restaurants, erst zu entwickeln.**

Abenteuerspielplätze und Erlebnisbäder westlicher Prägung sind nur wenige zu finden. Aber die Esten haben ihre wunderschöne Natur und die langen Badestrände. Mancherorts finden sich auch originelle Museen und Freizeiteinrichtungen mit Entdeckungscharakter. Speziell im Großraum Tallinn hat man sich auf Familien eingestellt, Kaufhäuser wie Stockmann oder das Kaubamaja verfügen sogar über Wickelräume und Kinderzimmer.

▦ TALLINN & UMGEBUNG ▦

FK CENTER [117 E1]

Das Abenteuercenter bietet viel für einen Adrenalinschub. Herausragend

> *www.marcopolo.de/estland-tallinn*

MIT KINDERN REISEN

ist eine 730 m lange Gokartbahn. *Tgl. 10–22 Uhr | Paldiski 229 A | www.fkkeskus.ee | Fahrt (8 Min.) 110 Kronen, Kinder 60–75 Kronen*

PUPPENMUSEUM [117 E1]
Dieses kleine Museum ist die Heimat vieler Puppen, Teddybären und einer Menge Spielzeug: Von volkstümlichen Puppen bis zu den Teletubbies können kleine Besucher hier so einiges entdecken. *Mi–So 10.30–17 Uhr*

| Kotzebue 16 | www.linnamuuseum. ee | Eintritt 10 Kronen, Kinder 5 Kronen

ROCCA-AL-MARE-MUSEUM [117 E1]
Im Tallinner Freilichtmuseum gibt es spezielle Angebote für Kinder. So lockt ein Spieltag am Mittsommertag (23. Juni). Auch ihren Geburtstag können Kinder im Museum feiern. *Mai–Sept. tgl. 10–20, Okt.–April tgl. 10–17 Uhr | Vabaõhumuuseumi 12 |*

www.evm.ee | *Eintritt 30 Kronen,*
Kinder 15 Kronen, Familien 90 Kro-
nen (im Winter 50 Kronen)

ROCCA AL MARE TIVOLI [117 E1]
Im größten Amüsierpark Estlands
können sich Kinder und Erwachsene
in über 20 verschiedenen Karussells
und Fahrangeboten austoben sowie
mehr als 100 Video- und Unterhal-
tungsspiele ausprobieren. *8. Mai–*
4. Sept. Mo–Fr 12–20, Sa/So 11–20
Uhr | *Aldiski 100* | *www.tivoli.ee* |
Eintritt 25 Kronen

SURFEN IN PIRITA [117 E1]
Der flache Ostsee am Strand von Pirita, 3 km vor Tallinn, ist bestens ge-
eignet fürs Surfen – zu einfach für

Könner, aber ideal für Anfänger. Im
Sommer gibt es Kurse für Kinder bei
der Surfschule *Smartener OÜ* | *Meri-*
välja 1a | *Tel. 503 25 22* | *Kurs ab*
800 Kronen/Monat

ZOO TALLINN [117 E1]
Einer der interessantesten Zoos in
Nordeuropa. Über 5400 Tiere aus
350 Arten sind hier zu sehen, auch
viele Tiere aus nördlichen Zonen, da-
runter Sibirische Tiger. Der Strei-
chelzoo ist ein Fest für Kleinkinder,
die dort Hamster, Kaninchen und andere kleine Tiere hautnah erleben.
März/April tgl. 9–17, Mai–Aug. tgl.
9–19, Sept./Okt. tgl. 9–17, Nov.–Feb.
tgl. 9–15 Uhr | *Paldiski 145* | *www.*
tallinnzoo.ee | *Eintritt 50 Kronen,*
Kinder 4–25 Kronen

◼ DER WESTEN ◼
EISENBAHNMUSEUM
(RAUDTEEMUUSEUM) [117 E4]
Ein Traumspielzeug für alle kleinen
und großen Jungen: Im Eisenbahn-
museum von Lavassaare, 17 km
nordwestlich von Pärnu, sind über 30
alte Dampf- und Diesellokomotiven
zu bestaunen. Jeden Sonnabend gibt
es zwischen 12 und 17 Uhr mehrere
Fahrten vom Museumsbahnhof Mü-
ramaa zum Dorf Lavassaare. *Juni–*
Aug. Mo–Sa 10–18, So 11–18 Uhr,
Sept. Sa 11–18, So 11–17 Uhr | *Okt.*
auf Anmeldung | *Müramaa 1* | *Lavas-*
saare | *Tel. 527 25 84* | *www.museum*
railway.ee | *Eintritt 20 Kronen, Kin-*
der 10 Kronen | *Fahrt 50 Kronen,*
Kinder 25 Kronen, Fam. 120 Kronen

MINIZOO [117 E5]
Exotisch und wetterunabhängig: Im
Pärnuer Minizoo sind aus sicherer

Bernsteinsuche oder Burgenbau?
Sand zum Spielen gibt's genug!

Entfernung in Terrarien Krokodile und Schlangen zu bestaunen. *Mai–Aug. Mo–Fr 10–18, Sa/So 11–18, Sept.–April Mo–Fr 12–16, Sa/So 11–16 Uhr | Akadeemia 1 | Pärnu | www.hot.ee/minizoo | Eintritt 40 Kronen, Kinder 5–20 Kronen*

VERGNÜGUNGSPARK (LÕBUSTUSPARK) [117 E5]

Ein Dutzend verschiedener Karussells lockt im strandnahen Unterhaltungspark von Pärnu. *Mo–Fr 12–18, Sa/So 11–18 Uhr | Remmelga 5 | Tickets je nach Fahrt 5–10 Kronen*

WASSERPARK TERVISEPARADIIS [117 E5]

Erlebnisbad direkt an der Ostsee. Von einer 11 m hohen Plattform starten vier unterschiedliche Rutschen. Längste Gleitfahrt: 85 m. Eine Rutsche ist nur für Kleinkinder. Zusätzlich reizen eine Kletterwand im Schwimmbecken, ein Kleinkinderbecken, Sprudelbäder und eine Sprungplattform. *Tgl. 10–22 Uhr | Side 14 | Pärnu | www.terviseparadiis.ee | Staffelpreise: z. B. Familientageskarte Hauptsaison 750 Kronen*

■ DER SÜDEN ■

REITERCAMPS

Für Kinder und Jugendliche unterschiedlicher Altersgruppen haben einige Reiter-Ferienhöfe spezielle Angebote. Pferde pflegen, Reitunterricht für Anfänger und Fortgeschrittene, aber auch Fahrradwanderungen, Lagerfeuerabende oder Kochkurse – vieles ist im Programm. Reitcamps für Kinder ab 8 Jahren in Kleingruppen sowie Wanderreiten organisiert in den Sommerferien zum

Lust, Pirat zu sein, Bock aufs Ritterleben? Überall gibt's passende Kulissen!

Beispiel der Pferdehof *Timmo Tallid* in *Põlva* [121 D3] *| Mammaste | Uus 5 | Tel. 799 85 30 | www.kagureis.ee | 5-Tage-Kindercamp: 130 Euro*

SNOWTUBING [120 B3] Insider Tipp

Sollten Sie im Winter nach Estland reisen, dann ist Snowtubing mit Ihren Kindern eine spaßige Pflichtübung. Auf flachen, weiten Schneebahnen im Wintersportzentrum Otepää können sie mit dem Nachwuchs in schlauchbootartigen Röhren Hunderte Meter talabwärts gleiten. *Mo–Fr 11–18, Sa 9–20, So 9–18 Uhr | O'Boy Snowtubing Park | Linnamäe org | Otepää | www.snowtubing.ee | Stundenticket 50 Kronen*

WASSERTHERME AURAKESKUS [120 C2]

Nicht nur für kühle Zeiten: Therme und Wasservergnügungspark mit Riesenrutsche und 50-m-Becken. *Mo–Fr 5.30–20, Sa/So 9–22 Uhr | Turu 10 | Tartu | www.aurakeskus.ee | Eintritt 40 Kronen, Kinder 30 Kronen, Fam. 105 Kronen*

> VON ANREISE BIS ZOLL

Urlaub von Anfang bis Ende: die wichtigsten Adressen und Informationen für Ihre Estland-Reise

◼ ANREISE ◼

AUTO

Von Polen ab Warschau die E 67 Suwalki–Marijampole–Kaunas–Panevezys–Bauska bis Riga. Weiter zum lettisch-estnischen Grenzübergang Ainaži/Ikla. Für Norddeutsche ist auch ein Landweg über Dänemark, Schweden und weiter mit der Fähre Stockholm–Tallinn denkbar.

BAHN

Nicht wirklich zu empfehlen, weil langsam (allein bis Riga 35 Std.) und umständlich (für Weißrussland ist ein Transitvisum nötig, das vor Antritt der Reise im Heimatland zu beantragen ist). Es geht mit dem Zug von Berlin nach Warschau, von dort weiter über Minsk und Vilnius nach Riga. Weiter nach Estland geht es von da nur mit dem Bus. *Infos: Tel. 0800/150 07 00 | www.bahn.de*

BUS

Von Kiel zweimal wöchentlich über Hamburg, Berlin, Warschau, Riga nach Tallinn in ca. 31 Std. *(TAK Reisid | Kadaka 62a | Tallinn | Tel. 627 90 80 | Fax 672 39 29 | www.tak reisid.ee)*. Von München, Stuttgart, Köln oder Berlin fährt *Mootor Reisid/Eurolines (Lastekodu 46 | Tallinn | Tel. 680 09 09 | www.eurolines.ee; Tel. 069/79 03 50 | www.eurolines. de)* nach Tallinn.

PRAKTISCHE HINWEISE

FÄHRE

Von Mai bis September fährt dreimal pro Woche die *Silja-Line* ab Rostock in 20 Std. direkt nach Tallinn *(Tel. 0451/589 92 22 | Fax 589 92 43 | www.siljaline.de)*. Ab Travemünde fährt *Finnlines* täglich in 33 Std. nach Helsinki *(Tel. 0451/150 74 43 | Fax 150 74 44 | www. ferrycenter.fi/ finnlines/de)*. Von Helsinki aus gibt es eine Vielzahl von Verbindungen (1,5–4 Std.) nach Tallinn *(www.vik ingline.fi, www.eckeroline.fi, www. tallink.com, www.njl.fi)*. Fährreisen und Weiterfahrt mit dem Auto auf den Routen Kiel–Klaipeda/Litauen mit *Lisco Baltic (Tel. 0431/20 97 64-20 oder -30 | www.lisco-baltic-ser vice.de)* oder Rostock–Liepaja/Lettland mit *Scandlines (Tel. 0381/ 673 12 17 | www.scandlines.de)*. Von Lübeck nach Riga fahren ebenfalls *Scandlines* und *DFDS Torline (Tel. 0451/39 92 70 | www.dfdstorline.dk)*.

FLUGZEUG

Estonian Air fliegt mehrmals die Woche von Hamburg, Berlin, Frankfurt, München nach Tallinn *(Tel. 06105/ 20 60 70 | www.estonian-air.ee)*. Täglich fliegt *EasyJet* Berlin–Tallinn *(Tel. 01803/65 43 21 | www.easyjet. com)*. *Finnair* bietet täglich von Deutschland aus Flüge über Helsinki nach Tallinn an *(Tel. 01803/34 66 24 | www.finnair.com)*. *SAS* startet von deutschen Flughäfen via Kopenhagen oder Stockholm nach Tallinn *(www.scandinavian.net)*. *Austrian Air* tut dies über Wien *(www.aua.com)*. Die polnische *LOT* fliegt von Düsseldorf über Warschau nach Tallinn *(Tel. 0180/300 03 35 | www.lot.com)*.

WAS KOSTET WIE VIEL?

> BENZIN	0,80 CENT	für 1 l Super bleifrei
> IMBISS	3,80 EURO	für Hering mit Bratkartoffeln
> TAXI	3–5 EURO	für 10 km
> FAHRRAD	4–8 EURO	Miete für einen Tag
> BIER	1,60 EURO	für 0,5 l vom Fass
> KAFFEE	0,70 EURO	für eine Tasse

AUSKUNFT

IN DEUTSCHLAND

Baltikum Tourismuszentrale | Katharinenstr. 19 | 10711 Berlin | Tel. 030/ 89 00 90 91 | Fax 89 00 90 92 | www. baltikuminfo.de

IN ESTLAND

Estnisches Fremdenverkehrsamt | Roosikrantsi 11 | 10119 Tallinn | Tel. 627 97 70 | Fax 627 97 77 | www.visit estonia.com

In Estland finden Sie in allen größeren Orten Infozentren *(Tusimiinfokeskus)*, erkennbar am internationalen grün-weißen I-Signet.

AUTO
In Estland muss man auch tagsüber mit Licht fahren. Die Verkehrsdichte ist gering. Gewöhnungsbedürftig sind die Schotterpisten in entlegeneren Gebieten. Höchstgeschwindigkeit innerorts 50 km/h, auf Landstraßen 90 km/h. Autobahnabschnitte (bis 110 km/h) gibt es auf den Strecken Tallinn–Narva und Tallinn–Pärnu. Es gilt die Null-Promillegrenze. Achtung an Ampeln: Blinkendes Grün entspricht Gelb in Deutschland; bei Gelb daher nie weiterfahren. Tankstellen gibt es genügend und bleifreies Benzin überall, meist mit einem E gekennzeichnet (Normal: 95, Super: 95 E). In der Regel sind die Zapfanlagen farbig markiert: grün (bleifrei), rot (verbleit), schwarz (Diesel). Die grüne Versicherungskarte ist zu empfehlen.

BANKEN & KREDITKARTEN
Die meisten Banken akzeptieren alle gängigen Kredit- und EC-Karten. Geldautomaten (EC, Master, Visa, Eurocard) gibt es in jedem größeren Ort. Banköffnungzeiten: Mo–Fr 9–16 Uhr; einige Banken sind auch samstags geöffnet. Zahlen per Kreditkarte ist auch in abgelegenen Gegenden durchaus möglich.

DIPLOMATISCHE VERTRETUNGEN
DEUTSCHE BOTSCHAFT
Toom-Kuninga 11 | 15048 Tallinn | Tel. 627 53 00 | Fax 627 53 04 | www.
germany.ee | Notfalldienst: Tel. 501 25 60

ÖSTERREICHISCHE BOTSCHAFT
Vambola 6 | 10114 Tallinn | Tel. 627 87 40 | Fax 631 43 65 | www.austrianembassy.ee

SCHWEIZER GENERALKONSULAT
Tuvi 12–28 | 10119 Tallinn | Tel. 631 30 41 | Fax 631 40 92 | matti.klaar@starman.ee

EINREISE
Seit 2008 gilt in Estland das Schengen-Abkommen. Wer aus einem anderen Schengen-Staat einreist, wird im Normalfall also nicht mehr kontrolliert. Sie sollten dennoch immer einen gültigen Personalausweis oder Reisepass dabeihaben.

GESUNDHEIT
Zusätzlich zur Notwendigkeit einer Auslandskrankenversicherung empfiehlt sich eine Zeckenschutzimpfung. Im Notfall können Sie sich bei Ärzten, Zahnärzten und in Kliniken behandeln lassen. Der EWR-Auslandskrankenschein ist in Estland gültig. Sie müssen zunächst die Kosten für die Behandlung vorstrecken, Ihre Kasse erstattet sie dann. Nahezu jeder größere Ort ab 2000 Ew. hat eine Apotheke *(apteek)*, in der Medikamente rezeptfrei verkauft werden. Informationen über deutschsprachige Ärzte und Kliniken erhalten Sie am besten in größeren Hotels.

INTERNET
Touristische Infos: *www.visitestonia.com*, *www.estemb.de*, *www.estnet.info*. Die Seite von *www.maaturism.*

ee informiert über Urlaub auf dem Land, *www.estonica.ee* über Kultur, Natur und Geschichte. Die wohl umfangreichste Datenbank über touristische Angebote in Estland bietet *www. ozoon.de.* Auf Deutsch informieren *www.estmonde.ch* und *www.ratgeber-estland.de*; interessant auch *www. infobalt.de.* Ausführliche Urlauberinfos über die Hauptstadt unter *www. tourism.tallinn.ee.* Bewährt sind die Seiten von *www.inyourpocket.com*, die aktuelle Veranstaltungstipps über Tartu, Tallinn, Pärnu und Haapsalu bieten. Unter *http://web.starman.ee/ th/estland.htm* finden Sie auf Deutsch Infos über Estland und eine Vielzahl von Links aus dem Land.

INTERNET-HOTSPOTS

Estland verfügt über ein dichtes, stabiles und schnelles, in der Hauptstadtregion sogar flächendeckendes WLAN-Netz: Tallinn ist als eine der ersten Städte der Welt auf Basis der neuen Wimax-Technologie mit einem großen WLAN-Hotspot ausgerüstet. Doch auch im übrigen Land gibt es selbst in entlegenen Dörfern und an Stränden überall öffentliche Internet-Hotspots, insgesamt etwa 1100 Stück – erkennbar an den blau-weißen @-Schildern, die den kostenlosen Zugangspunkt kennzeichnen (komplette Übersicht unter *www. wifi.ee*). Weltweit einmalig hat Estland den kostenfreien Internetzugang als Grundrecht verankert.

KLIMA & REISEZEIT

Die schönste Zeit für eine Estland-Reise liegt zwischen Mai und Mitte Oktober. Die Sommer können wunderbar warm werden. Die Ostsee er-

wärmt sich im August oft auf bis zu 23 Grad, die Seen auf 25 Grad. Schön ist der Herbst, wenn das Laub bunt wird. Ende September kann es nachts schon frieren. Der Winter ist schneereich und oft bitterkalt.

MIETWAGEN

In Tallinn am Flughafen sind alle internationalen Mietwagenfirmen vertreten, ebenso in Pärnu und Tartu. Preise: zwischen 50 und 80 Euro pro Tag, also relativ hoch. Manchmal

WÄHRUNGSRECHNER

€	EEK	EEK	€
1	15,65	10	0,65
2	31,30	20	1,30
3	47,00	25	1,60
5	78,25	50	3,20
10	156,50	100	6,50
25	391,25	300	19,20
50	782,50	500	32,00
90	1408,50	700	44,70
150	2347,50	900	57,50

bucht man über ein heimisches Reisebüro günstiger, auch lokale Anbieter sind u. U. billiger *(R-Rent | Lennujaama 2 | Tallinn | Tel. 605 89 29 | Fax 605 89 29; Tulika Rent | Tihase 34 | Tallinn | Tel. 612 00 12 | Fax 612 00 13 | www.tulika.ee).*

NOTRUF

Feuerwehr sowie Notarzt/Krankenwagen: *112.* Polizei: *110*

ÖFFENTLICHE VERKEHRSMITTEL

In Tallinn fahren Straßenbahnen und Trolleybusse. Kaufen Sie die Tickets im Zehnerblock am Kiosk für ca. 5 Euro. Beim Fahrer kostet der Einzelfahrschein 0,80–1 Euro. Ein Routenplan hängt an jeder Haltestelle aus *(www.tak.ee)*. Generell sind Busse *das* Verkehrsmittel im Land. Jede größere Stadt besitzt einen Busbahnhof. Zwischen den Zentren verkehren Schnellbusse. So braucht man für die knapp 200 km lange Strecke Tartu–Tallinn etwas mehr als 2 Std., Preis: 6 Euro. *www.bussireisid.ee*

Ein dichtes Eisenbahnnetz existiert für den Personenverkehr nur im Großraum Tallinn. Nach Viljandi, Pärnu, Tartu und Valga gehen ein bis zwei Züge am Tag, Fahrtdauer 3–6 Std.! Die Preise sind niedrig; etwa 3 Euro kostet die Fahrt nach Pärnu. *www.elektriraudtee.ee*, *www.edel.ee*

ÖFFNUNGSZEITEN

Geschäfte sind Mo–Sa 9–19 Uhr geöffnet. Auf dem Land können Läden früher schließen – oder die ganze Nacht offen sein. Die Öffnungszeiten von Restaurants, Discos und Bars sind saisonal ausgerichtet, ebenso die der Touristinfos, die meist Mai–Sept. Mo–Fr 9–18, Sa/So 10–15 Uhr, Okt.–April Mo–Fr 10–17 Uhr geöffnet haben. Museen sind montags, manchmal dienstags geschlossen.

POST

Postämter sind meist Mo–Fr 9–18, Sa 9.30–15 Uhr geöffnet. Briefmarken gibt es auch an einigen Kiosken. Eine Postkarte nach Deutschland kostet 6,50 Kronen. *www.post.ee*

PREISE & WÄHRUNG

Die Estnische Krone (1 EEK = 100 Senti) ist an den Euro gekoppelt. 15,65 Kronen entsprechen 1 Euro. Estland ist ein vergleichsweise preiswertes Land, wobei auf dem Land vieles günstiger ist als in touristischen Gebieten. Museumseintritt: in der Regel 0,30–1,80 Euro. Karten für

WETTER IN TALLINN

Jan.	Feb.	März	April	Mai	Juni	Juli	Aug.	Sept.	Okt.	Nov.	Dez.
-4	-4	0	7	14	19	20	19	15	10	3	-1
Tagestemperaturen in °C											
-11	-8	0	5	10	12	11	7	4	4	-3	-11
Nachttemperaturen in °C											
1	2	5	6	9	10	9	8	5	3	1	0
Sonnenschein Std./Tag											
17	15	12	12	12	12	13	15	15	17	17	17
Niederschlag Tage/Monat											
1	1	1	2	5	11	15	17	13	9	6	3
Wassertemperaturen in °C											

PRAKTISCHE HINWEISE

Oper, Theater, Konzerte: 3–13 Euro. Discoeintritt: 2–6 Euro.

RAUCHEN

Rauchen ist in Estland in allen öffentlichen Einrichtungen und allen Gaststätten tabu. Wer dagegen verstößt, riskiert ein saftiges Bußgeld.

SICHERHEIT

In Estland ist es genauso sicher oder unsicher wie anderswo in Europa. Das Auto sollten Sie möglichst auf bewachten Parkplätzen abstellen. In Touristenzentren wie Tallinn ist die Polizei stärker präsent, auch zur fürsorglichen Kontrolle vieler trinkfester Reisender aus Finnland und England. Manche Plätze werden per Video überwacht. Von der berüchtigten Ostmafia merken Touristen nichts.

TAXI

Taxifahrten werden nach Entfernung berechnet. Allerdings ist es in Tallinn ratsam, die Fahrtkosten vorher abzuklären und nur einzusteigen, wenn der Preis akzeptabel erscheint. Preis: 6–8 Kronen/km zwischen 6 und 23 Uhr. Normalerweise hängt im Wagen eine Preisliste aus. Auf Verlangen muss der Fahrer eine Quittung auszustellen. *Taxiruf Tallinn: Taxis-Klubi Takso | Tel. 142 00 | www.klubitakso. ee*. Speziell am Flug- und am Fährhafen in Tallinn scheinen einige Taxifahrer ein „Touristen-Taxameter" zu haben. Manche Hotels geben daher auf ihrer Website an, wie hoch der Fahrpreis zum Hotel sein darf.

TELEFON & HANDY

Internationale Vorwahl für Estland: 00372. Durchwahl aus Estland nach Deutschland: 0049 plus Ortsnetzvorwahl ohne 0. Vorwahl Österreich: 0043, Schweiz: 0041.

In Estland wird bei Inlandsgesprächen keine 0 vorweg gewählt; alle Anschlüsse haben mit Ortsvorwahl sieben Ziffern. Eine englischsprachige Auskunft erhält man unter *11 82*. Telefonzellen funktionieren mit Telefonwertkarten (30, 50, 100 Kronen), die es u. a. in Tankstellen, Hotels und bei der Post gibt.

Mobiltelefone (GSM) funktionieren problemlos. Beim Roaming spart, wer das günstigste Netz wählt. Mit einer estnischen Prepaid-Karte entfallen die Gebühren für eingehende Anrufe. Prepaid-Karten wie die von GlobalSim *(www.global sim.net)* oder Globilo *(www.globilo. de)* sind zwar teurer, ersparen aber ebenfalls alle Roaming-Gebühren. Und: Sie bekommen schon zu Hause Ihre neue Nummer. Immer günstig sind SMS. Hohe Kosten verursacht die Mailbox: noch im Heimatland abschalten!

ZEIT

Ins Estland gilt die Osteuropäische Zeit = MEZ plus eine Stunde.

ZOLL

Auch nach dem Beitritt zum Schengen-Abkommen kontrolliert der Zoll stichprobenartig den Warenverkehr. Für Estland gelten die Regeln des EU-Binnenmarktes. Zollfrei ein- und ausführen darf man 110 l Bier, 90 l Wein, 10 l Spirituosen. Für Tabakwaren gelten bis 2009 engere Freimengen, u. a. 200 Zigaretten. *Zollbehörde Tallinn | Tel. 696 74 35 | www.emta.ee, www.zoll.de*

> KAS SA OSKAD EESTI KEELT?

„Sprichst du Estnisch?" Dieser Sprachführer hilft Ihnen, die wichtigsten Wörter und Sätze auf Estnisch zu sagen

Aussprache

Zur Erleichterung der Aussprache:
Die Betonung liegt in der Regel auf der ersten Silbe.

k, p und t	am Wortanfang weich wie g, b, d
õ	wie kurz gesprochenes ö
e	wie kurzes ä
š	wie sch

◼ AUF EINEN BLICK

Ja	Jah
Nein	Ei
Vielleicht	Võib olla
Bitte	Palun
Danke	Tänan
Gern geschehen	Meeleldi
Entschuldigung!	Vabandust!
Schade!	Kahju!
Wie bitte?	Kuidas palun?
Ich verstehe Sie/dich nicht.	Ma ei saa teist/sinust aru.
Können Sie mir bitte helfen?	Kas te võite palun aidata?
Guten Morgen!	Tere hommikust!
Guten Abend!	Tere õhtust!
Guten Tag!	Tere päevast!
Hallo! Grüß dich!	Tere!
Wie ist Ihr/dein Name?	Kuidas on Teie/sinu nimi?
Mein Name ist …	Minu nimi on …
Woher kommen Sie/ kommst du?	Kust Te tulete/ sina tuled?
Ich komme aus …	Mina tulen …
… Deutschland.	… Saksamaalt.
… Österreich.	… Austriast.
… der Schweiz.	… Šveitsist.
Auf Wiedersehen!	Head aega!
Tschüs!	Nägemiseni!
Hilfe!	Appi! Aidake!
Rufen Sie bitte …	Palun kutsuge …
… einen Krankenwagen.	… kiirabi.
… die Polizei.	… politsei.

> www.marcopolo.de/estland-tallinn

SPRACHFÜHRER ESTNISCH

UNTERWEGS

Bitte, wo ist …	Palun, kus on …
… der Bahnhof?	… raudteejaam?
… der Flughafen?	… lennujaam?
… die Haltestelle?	… bussipeatus?
… der Taxistand?	… taksopeatus?
Bus/Fähre/Zug	autobus/praam/rong
Wo kann ich einen Fahrschein kaufen?	Kus on piletikassa?
Können Sie mir bitte sagen, wie ich nach … komme?	Öelge palun, kuidas ma saan … ?
Gehen Sie geradeaus.	Minge otse edasi.
Gehen Sie nach links/rechts.	Minge vasakule/paremale.
Erste/Zweite Straße links/rechts.	Esimene/teine tänav vasakule/parmale.
nah/weit	lähedal/kaugel
Überqueren Sie …	Ületage …
… die Brücke.	… sild.
… den Platz.	… plats.
… die Straße.	… tänav.
Ich möchte … mieten.	Ma tahaksin … üürida.
… ein Auto …	… autot …
… ein Fahrrad …	… jalgratast …
… ein Boot …	… paati …
drücken/ziehen	lükake/tõmmake
Eingang/Ausgang	sissepääs/väljapääs
Wo sind die Toiletten?	Kus asuvad tualetid?
Damen/Herren	daamid/härrad

SEHENSWERTES

Ist das …?	On see …?
Wann ist das Museum geöffnet?	Millal on muuseum avatud?
Wann beginnt die Führung?	Millal algab juhitav ekskursioon?
Altstadt	vanalinn
Ausstellung	näitus
Besichtigung	ülevaatus
Denkmal	mälestussammas
Gottesdienst	jumalateenistus
Kirche	kirik
Naturschutzgebiet	looduskaitseala
Palast	palee

Rathaus	raekoda
Stadtplan	linnaplaan
Stadtrundfahrt	linnaekskursioon
Stadtzentrum	kesklinn
Theater	teater

■ DATUMS- & ZEITANGABEN

Montag	esmaspäev
Dienstag	teisipäev
Mittwoch	kolmapäev
Donnerstag	neljapäev
Freitag	reede
Samstag	laupäev
Sonntag	pühapäev
heute	täna
morgen	homme
täglich	iga päev
Wie viel Uhr ist es?	Mis kell on?
Es ist 3 Uhr.	Kell on kolm.
Es ist halb 3.	Kell on pool kolm.
Es ist Viertel vor 3.	Kell on kolmveerand kolm.
Es ist Viertel nach 3.	Kell on veerand neli.

■ ESSEN & TRINKEN

Ist dieser Tisch/Platz noch frei?	Kas see koht on vaba?
Die Speisekarte, bitte.	Palun menüüd
Ich nehme …	Mina võtan …
Bitte ein Glas …	Palun üks klaas …
Geschirr	nõud
Messer/Gabel/Löffel	nuga/kahvel/lusikas
Vorspeise	eelroog
Hauptgericht	praad, liharoog
Nachspeise	magustoit
Salz/Pfeffer	sool/pipar
scharf	teravamaitseline
Ich bin Vegetarier/in	Ma olen taimetoitlane.
Auf Ihr Wohl!	Terviseks!
Trinkgeld	jootraha
Die Rechnung, bitte.	Palun arvet.

■ EINKAUFEN

Wo finde ich …	Kus siin on …
… eine Apotheke?	… apteek?
… eine Bäckerei?	… leivapood?

> *www.marcopolo.de/estland-tallinn*

… ein Kaufhaus?	… kaubamaja?
… ein Lebensmittelgeschäft?	… toidupood?
… einen Markt?	… turg?
Haben Sie …?	Kas teil on …?
Ich möchte …	Ma tahan …
Ein Stück hiervon, bitte	Palun üks tükk sellestü
Eine Einkaufstüte, bitte	Palun üks kilekott
Das gefällt mir (nicht).	See meeldib mulle/ei meeldi mulle.
Wie viel kostet es?	Kui palju see maksab?
Nehmen Sie Kreditkarten?	Kas te võtate krediitkaarte?

ÜBERNACHTEN

Ich habe bei Ihnen ein Zimmer reserviert.	Ma broneerisin Teie juures toa.
Haben Sie noch Zimmer frei?	Kas teil on vaba tuba?
ein Einzelzimmer	ühene tuba
ein Doppelzimmer	kahene tuba
mit Dusche/Bad	dušširuumiga/vannitoaga
Was kostet das Zimmer?	Kui palju see tuba maksab?
Frühstück	eine, hommikussöök
Halbpension/Vollpension	Poole kostirahaga/täiskostirahaga

PRAKTISCHE INFORMATIONEN

Können Sie mir einen Arzt empfehlen?	Kas te oskate mulle mõnda head arsti soovitada?
Ich habe hier Schmerzen.	Mul on valud.
Ich habe Fieber.	Mul on palavik.
Ich habe Durchfall.	Mul on kõhulahtisus.
Kinderarzt	lastearst
Zahnarzt	hambaarst
Eine Briefmarke, bitte	Palun üks kirjamark
Postkarte	postkaart
Wo ist bitte …	Kus asub …
… die nächste Bank?	… lähim pank?
… der nächste Geldautomat?	… lähim rahaautomaat?

ZAHLEN

1	üks	8	kaheksa	100	sada
2	kaks	9	üheksa	200	kakssada
3	kolm	10	kümme	500	viissada
4	neli	11	üksteist	1000	tuhat
5	viis	12	kaksteist	1/2	pool
6	kuus	20	kakskümmend	1/4	üks neljandik
7	seitse	50	viiskümmend		

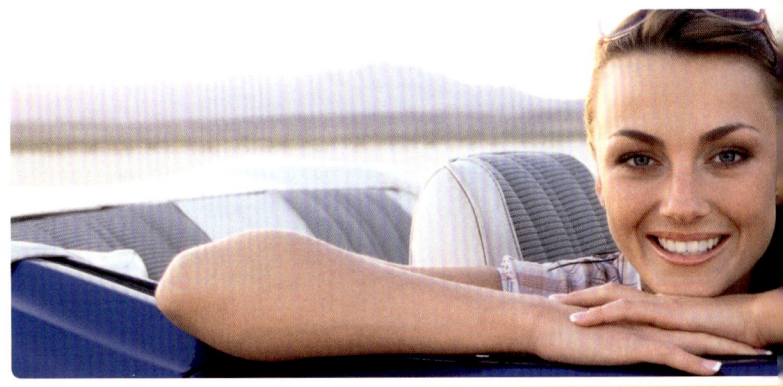

REISEATLAS ESTLAND

A **B** **C**

1

20 km

Kapellskär

Stockholm

B A L T I   M E R I

Osmussaar s.

Dirhami

Riguldi

Hara

2

Västervik

Rostock

Tahkuna n.

Lehtma

Hiiumaa saar

Malvaste

Vormsi saar

Vormsi majaks

Saxby

Norrby

Körgessaare Pihla

Kärdla

Hullo

Sviby

Haapsalu

Valgevälja

Pöhla-
Ristna nina

Kalana

Induse mägi

Luidja laht

Luidja

Heiste

Hüti

52

Tubala

Vohilaid s.

Hellamaa

Vahtrepa

Rohuküla

Ungru

Kõpu

Suuremõisa

Käina

Heltermaa

Heinlaiu s.

Mats

3

Kõpu poolsaar

Hiiumaa

Marditansu laht

Kaigutsi

Lelu

Kassari

Kaevati saar

Tauksi s.

Nurste

Jausa

Kassari saar

Vanamõisa laht

Valgu

Emmaste

Sõru

Soela väin

Muhu saar

Kõinastu s.

Tupenurme

4

Saaremaa saar

Uudepanga laht

Kihelkonna laht

Vilsandi rahvuspark

Vilsandi saar

Kihelkonna

Viki

Atla

Atla laht

Karala

Lümanda

Pamm ana neem

Pammana

Panga
pank

Panga

Võhma

Tagaranna

Taga laht

Küdema laht

Jarise

Jarise järv

Mustjala

Pidula

Leisi

Metsküla

Pamma

Angla

Karja

Koikla

Pulli

Randküla

Orissaare

Koguva Piiri

Lüva Hellamaa

Pädaste

Kuivastu

Ratla

Tagavere Poide

Tornimäe

Kõrkvere

Soonlepa laht

Koiguste laht

5

Karu järv

Sauvere Hakjala

Eikla

Haeska

79

76

Valjala

Laimjala

Kõljala

Kallemäe

Turja

Sandla

Sääretüki neem

Karala

Koimla

Viidumäe

78

Kärla

Aste

Viki

Suurlahe järv

Kiratsi

Püha

Mullutu järv

Kaesla

Vaivere

Kailuka

Kuressaare

Nasva

Vetelanina neem

Sutu laht

Lõmala

77

Salme

Kuressaare laht

Abruka

Kasema saar

Allirahu saar

Hoostelaiu S.

Kirjalaiu neem

Anseküla

48

Abruka saar

Kirjurahu saar

Jämaja

Massa

Sõrve poolsaar

6

Säare

Sõrve neem

Lombimaa saar

116

Ruhnu

Ruhnu saar

Ruhnu

120

Autobahn mit Anschlussstellen / Motorway with junctions	
Autobahn in Bau / Motorway under construction	
Mautstelle / Toll station	
Raststätte mit Übernachtung / Roadside restaurant and hotel	
Raststätte / Roadside restaurant	
Tankstelle / Filling-station	
Autobahnähnliche Schnellstraße mit Anschlussstelle / Dual carriage-way with motorway characteristics with junction	
Fernverkehrsstraße / Trunk road	
Durchgangsstraße / Thoroughfare	
Wichtige Hauptstraße / Important main road	
Hauptstraße / Main road	
Nebenstraße / Secondary road	
Eisenbahn / Railway	
Autozug-Terminal / Car-loading terminal	
Zahnradbahn / Mountain railway	
Kabinenschwebebahn / Aerial cableway	
Eisenbahnfähre / Railway ferry	
Autofähre / Car ferry	
Schifffahrtslinie / Shipping route	
Landschaftlich besonders schöne Strecke / Route with beautiful scenery	
Allenstr. — Touristenstraße / Tourist route	
XI–V — Wintersperre / Closure in winter	
Straße für Kfz gesperrt / Road closed to motor traffic	
8% — Bedeutende Steigungen / Important gradients	
Für Wohnwagen nicht empfehlenswert / Not recommended for caravans	
Für Wohnwagen gesperrt / Closed for caravans	

Wartenstein / *Umbalfälle* — Sehenswert: Kultur - Natur / Of interest: culture - nature	
Badestrand / Bathing beach	
Besonders schöner Ausblick / Important panoramic view	
Ausflüge & Touren / Excursions & tours	
Nationalpark, Naturpark / National park, nature park	
Sperrgebiet / Prohibited area	
Kirche / Church	
Kloster / Monastery	
Schloss, Burg / Palace, castle	
Moschee / Mosque	
Ruinen / Ruins	
Leuchtturm / Lighthouse	
Turm / Tower	
Höhle / Cave	
Ausgrabungsstätte / Archaeological excavation	
Jugendherberge / Youth hostel	
Allein stehendes Hotel / Isolated hotel	
Berghütte / Refuge	
Campingplatz / Camping site	
Flughafen / Airport	
Regionalflughafen / Regional airport	
Flugplatz / Airfield	
Staatsgrenze / National boundary	
Verwaltungsgrenze / Administrative boundary	
Grenzkontrollstelle / Check-point	
Grenzkontrollstelle mit Beschränkung / Check-point with restrictions	
PARIS — Hauptstadt / Capital	
<u>MARSEILLE</u> — Verwaltungssitz / Seat of the administration	

REGISTER

Im Register sind alle in diesem Band erwähnten Orte und Ausflugsziele verzeichnet.
Halbfette Seitenzahlen verweisen auf den Haupteintrag, kursive auf ein Foto.

SCHREIBEN SIE UNS!

Liebe Leserin, lieber Leser,

wir setzen alles daran, Ihnen möglichst aktuelle Informationen mit auf die Reise zu geben. Dennoch schleichen sich manchmal Fehler ein – trotz gründlicher Recherche unserer Autoren/innen. Sie haben sicherlich Verständnis, dass der Verlag dafür keine Haftung übernehmen kann.

Wir freuen uns aber, wenn Sie uns schreiben.

Senden Sie Ihre Post an die MARCO POLO Redaktion, MAIRDUMONT, Postfach 31 51, 73751 Ostfildern, info@marcopolo.de

IMPRESSUM

Titelbild: Tallinn, Alexander-Nevski-Kathedrale (Getty Images/Digital Vision: Child)
Fotos: Café Moskva: Kalle Veesaar (15 o.); Diskreetse Mango Trio: Andres Toom (15 u.); Fellin Furniture: Rene Riisalu (14 u.); Alexandra Frank (12 o., 14 o., 94 M.r., 94 u.); R. Freyer (U. l., 8/9, 19, 84, 93); Getty Images/Digital Vision: Child (1); R. Hackenberg (50, 67, 81); HB Verlag: Hirth (98, 99); Huber: Huber (48/49); Mehlig (6/7, 72/73), Potschka (4 l., 56/57), Schmid (U. r., 3 r., 24/25, 30/31, 35, 44, 88/89); R. Irek (2 r., 37, 43); © iStockphoto.com: Yanik Chauvin (95 M.r.), Joe Ciamarella (95 u.), Carol Gering (95 o.), Lidija Tomic (94 o.); G. Jung (29); T. Kliem (21); Kohvik-Restoran C'est La Vie: Sven-Olof Englund (94 M.l.); Kuutsemäe Snowmobile Rental Center: Tõnis Laur (13 u.); Laif: Eisermann (16/17, 100/101), Kirchner (26, 28, 28/29); K. Maeritz (2 l., 3 l., 3 M., 4 r., 5, 27, 32, 39, 52, 54, 58, 61, 63, 65, 68, 74, 77, 78, 79, 83, 87, 91, 96/97, 102, 103, 114/115); T. Plath (127); Reet Aus: Ville Hyvönen (12 u.); Restaurant Vertigo: Jouni Harala (95 M.l.); Transit-Archiv: Hirth (U. M., 11, 22, 22/23, 23, 40, 47, 70); Veni Posti Operaator AS: Tiit Vermäe (13 o.);

2., aktualisierte Auflage 2008
© MAIRDUMONT GmbH & Co. KG, Ostfildern
Verlegerin: Stephanie Mair-Huydts; Chefredaktion: Michaela Lienemann, Marion Zorn
Autor: Wolf Gehrmann; Bearbeitung: Thoralf Plath; Redaktion: Arnd M. Schuppius
Programmbetreuung: Nadia Al Kureischi, Cornelia Bernhart, Jens Bey; Bildredaktion: Gabriele Forst
Szene/24h: wunder media, München
Kartografie Reiseatlas: © MAIRDUMONT, Ostfildern
Innengestaltung: Zum goldenen Hirschen, Hamburg; Titel/S. 1–3: Factor Product, München
Sprachführer: in Zusammenarbeit mit Ernst Klett Sprachen GmbH, Stuttgart, Redaktion PONS Wörterbücher

FÜR IHRE NÄCHSTE REISE

gibt es folgende MARCO POLO Titel:

DEUTSCHLAND
Allgäu
Amrum/Föhr
Bayerischer Wald
Berlin
Bodensee
Chiemgau/Berchtes-
  gadener Land
Dresden/Sächsische
  Schweiz
Düsseldorf
Eifel
Erzgebirge/Vogtland
Franken
Frankfurt
Hamburg
Harz
Heidelberg
Köln
Lausitz/Spreewald/
  Zittauer Gebirge
Leipzig
Lüneburger Heide/
  Wendland
Mark Brandenburg
Mecklenburgische
  Seenplatte
Mosel
München
Nordseeküste
  Schleswig-
  Holstein
Oberbayern
Ostfriesische Inseln
Ostfriesland/
  Nordseeküste
  Niedersachsen/
  Helgoland
Ostseeküste
  Mecklenburg-
  Vorpommern
Ostseeküste
  Schleswig-
  Holstein
Pfalz
Potsdam
Rheingau/
  Wiesbaden
Rügen/Hiddensee/
  Stralsund
Ruhrgebiet
Schwäbische Alb
Schwarzwald
Stuttgart
Sylt
Thüringen
Usedom
Weimar

ÖSTERREICH | SCHWEIZ
Berner Oberland/
  Bern
Kärnten
Österreich
Salzburger Land
Schweiz
Tessin
Tirol
Wien
Zürich

FRANKREICH
Bretagne
Burgund
Côte d'Azur/
  Monaco
Elsass
Frankreich
Französische
  Atlantikküste
Korsika
Languedoc-
  Roussillon
Loire-Tal
Normandie
Paris
Provence

ITALIEN | MALTA
Apulien
Capri
Dolomiten
Elba/Toskanischer
  Archipel
Emilia-Romagna
Florenz
Gardasee
Golf von Neapel
Ischia
Italien
Italienische Adria
Italien Nord
Italien Süd
Kalabrien
Ligurien/
  Cinque Terre
Mailand/Lombardei
Malta/Gozo
Oberital. Seen
Piemont/Turin
Rom
Sardinien
Sizilien/
  Liparische Inseln
Südtirol
Toskana
Umbrien
Venedig
Venetien/Friaul

SPANIEN | PORTUGAL
Algarve
Andalusien
Barcelona
Baskenland/Bilbao
Costa Blanca
Costa Brava
Costa del Sol/
  Granada
Fuerteventura
Gran Canaria
Ibiza/Formentera
Jakobsweg/Spanien
La Gomera/El Hierro
Lanzarote
La Palma
Lissabon
Madeira
Madrid
Mallorca
Menorca
Portugal
Spanien
Teneriffa

NORDEUROPA
Bornholm
Dänemark
Finnland
Island
Kopenhagen
Norwegen
Schweden
Südschweden/
  Stockholm

WESTEUROPA | BENELUX
Amsterdam
Brüssel
Dublin
England
Flandern
Irland
Kanalinseln
London
Luxemburg
Niederlande
Niederländische
  Küste
Schottland
Südengland

OSTEUROPA
Baltikum
Budapest
Estland
Kaliningrader
  Gebiet
Lettland
Litauen/Kurische
  Nehrung
Masurische Seen
Moskau
Plattensee
Polen
Polnische Ostsee-
  küste/Danzig
Prag
Riesengebirge
Russland
Slowakei
St. Petersburg
Tschechien
Ungarn
Warschau

SÜDOSTEUROPA
Bulgarien
Bulgarische
  Schwarzmeerküste
Kroatische Küste/
  Dalmatien
Kroatische Küste/
  Istrien/Kvarner
Montenegro
Rumänien
Slowenien

GRIECHENLAND | TÜRKEI | ZYPERN
Athen
Chalkidiki
Griechenland
  Festland
Griechische
  Inseln/Ägäis
Istanbul
Korfu
Kos
Kreta
Peloponnes
Rhodos
Samos
Santorin
Türkei
Türkische Südküste
Türkische Westküste
Zakinthos
Zypern

NORDAMERIKA
Alaska
Chicago und
  die Großen Seen
Florida
Hawaii
Kalifornien
Kanada
Kanada Ost
Kanada West
Las Vegas
Los Angeles
New York
San Francisco
USA
USA Neuengland/
  Long Island
USA Ost
USA Südstaaten/
  New Orleans
USA Südwest
USA West
Washington D.C.

MITTEL- UND SÜDAMERIKA
Argentinien
Brasilien
Chile
Costa Rica
Dominikanische
  Republik
Jamaika
Karibik/
  Große Antillen
Karibik/
  Kleine Antillen
Kuba
Mexiko
Peru/Bolivien
Venezuela
Yucatán

AFRIKA | VORDERER ORIENT
Ägypten
Djerba/
  Südtunesien
Dubai/Vereinigte
  Arabische Emirate
Israel
Jerusalem
Jordanien
Kapstadt/
  Wine Lands/
  Garden Route
Kenia
Marokko
Namibia
Qatar/Bahrain/
  Kuwait
Rotes Meer/Sinai
Südafrika
Tunesien

ASIEN
Bali/Lombok
Bangkok
China
Hongkong/
  Macau
Indien
Japan
Ko Samui/
  Ko Phangan
Malaysia
Nepal
Peking
Philippinen
Phuket
Rajasthan
Shanghai
Singapur
Sri Lanka
Thailand
Tokio
Vietnam

INDISCHER OZEAN | PAZIFIK
Australien
Malediven
Mauritius
Neuseeland
Seychellen
Südsee

> UNSER INSIDER

MARCO POLO Korrespondent Thoralf Plath im Interview

Thoralf Plath (45), gebürtiger Rügener, lebt seit 1995 in der russischen Exklave Kaliningrad, der Region um das frühere Königsberg.

Wo und wie leben Sie genau?

Ich wohne im Ostsee-Kurort Selenogradsk, dem früheren ostpreußischen Seebad Cranz. Dort habe ich ein altes Siedlungshaus ausgebaut, bis zum Strand sind es zwei Minuten, auch die Kurische Nehrung liegt quasi vor der Haustür. So lässt es sich leben.

Was machen Sie beruflich?

Ich bin freier Journalist und berichte für die Nachrichtenagentur dpa, das Infoportal Russland-Aktuell und diverse deutsche Printmedien aus Kaliningrad und aus den drei baltischen Republiken. Darüber hinaus organisiere ich Reisen für Gruppen und Individualreisende und betreue auch Gäste vor Ort.

Was prädestiniert Sie als Marco Polo Autor?

Ich kenne das Baltikum nach ungezählten Reisen und intensiven Begegnungen sicher sehr detailliert, auch abseits der Hauptstraßen und Zentren. Es ist Teil meines Berufs und entspricht durchaus auch meinem Charakter, hinter die Kulissen zu blicken, neue Wege zu suchen. Dort entdeckt man oft die eigentlichen spannenden Geschichten. Ich lebe und arbeite gern im Baltikum, fühle mich hier zu Hause. Das motiviert natürlich, jemandem, der in diese schöne Region reisen will, den bestmöglichen Begleiter mit auf den Weg zu geben.

Kommen Sie viel in Estland herum?

Ja, sehr viel. Das bringt mein Beruf so mit sich. Vor allem in Tallinn und Tartu bin ich viele Male im Jahr. Und man entdeckt dort wirklich jedes Mal etwas Neues, vor allem in der Hauptstadt. Auch privat bin ich oft in Estland unterwegs. Dann fahre ich zum Beispiel gern auf die Insel Saaremaa oder in den Lahemaa-Nationalpark, diese Ostseelandschaften ziehen mich magisch an.

Was machen Sie in Ihrer Freizeit? Haben Sie spezielle Hobbys?

Freizeit ist in einem Korrespondentenalltag leider knapp bemessen. Ich bin dann gern mit dem Fahrrad unterwegs oder wandere die Küste entlang, je entlegener, desto besser, als Kontrastprogramm sozusagen zu meinem bewegten Berufsleben. Gern tauche ich auch mit dem Kanu tief in die unwegsame Wildnis der Moor- und Flusslandschaften ein, von denen es in Estland ja unzählige gibt. Mein eigentliches Hobby aber ist schon seit meiner Kindheit das Segeln. Früher ging es über Regattabahnen, heute bin ich am liebsten mit meinem Kielboot auf der Ostsee unterwegs. Insofern kenne ich Estland und seine Küste auch von der Wasserseite her recht gut.

> BLOSS NICHT!

Auch in Estland gibt es Dinge, die Sie vermeiden sollten

Die Blumen vergessen

Sollten Sie eingeladen werden, nehmen Sie unbedingt einen Strauß Blumen für Ihre Gastgeber mit. Nicht der Preis, sondern die Geste zählt. Mit leeren Händen zu kommen wird in Estland als unhöflich empfunden. Und Estinnen lieben Blumen: Überall in den Städten gibt es kleine Blumenstände, die ein großes Publikum haben. Vermeiden Sie rote Nelken, da sie an die Sowjetzeit erinnern. Schenken Sie immer in ungerader Zahl, nur bei traurigen Anlässen ist dies anders. Übrigens: Bei Privatbesuchen ist das Ausziehen der Schuhe im Flur üblich. Also vorher auf die Socken achten.

Gewohnheiten missachten

Esten gelten als reserviert, schweigsam und zurückhaltend. Pünktlichkeit zählt hier zur Höflichkeit, sie wird erwartet, ist eigentlich ein absolutes Muss. Bei der Begrüßung reicht man sich die Hände, mehr nicht. Sentimentalitäten im Zwischenmenschlichen vermeiden Esten. Selbst alte estnische Freunde kann es durchaus irritieren, wenn man sie zur Begrüßung drückt oder umarmt. Esten haben ihre Gefühle in der Öffentlichkeit stets unter Kontrolle, und man muss sich schon sehr gut kennen, bevor sie sich im Privaten öffnen.

Das Nationalbewusstsein verletzen

Die Esten sind als kleines Volk stolz auf ihre Nation und ihr Land. Verwechseln Sie die Esten daher bloß nicht mit Letten oder Litauern, das mögen sie nicht. Achten Sie auch darauf, ihre Hauptstadt Tallinn klar von Riga oder Vilnius zu unterscheiden. Manche, die das Baltikum zum ersten Mal bereisen, können seine drei Länder nicht immer in allen Facetten voneinander trennen, was bei Gesprächen zu peinlichen Momenten führen kann. Ebenso ist der in Deutschland übliche Begriff „Balten" für die Esten eine Bezeichnung, die sie mit gemischten Gefühlen hören. Der Begriff ist zwar geografisch korrekt, spiegelt aber die nationale Eigenständigkeit nicht wider. Sie gewinnen Sympathien, wenn Sie die estnische Kultur und Tradition anerkennen und sich selbst bescheiden zeigen. Und: Bezeichnen Sie Esten nie als Russen und sprechen Sie nie von der einstigen Sowjetrepublik. Esten finden es zudem unpassend, wenn man ihr Land klein nennt. Sie haben ja nicht Unrecht: Dänemark, Belgien, Holland sind kleiner. Und im Sport sind die Esten, gemessen an der Einwohnerzahl, noch größer und verweisen gern und stolz auf ihre Erfolge.

Bahn fahren

Die Eisenbahn ist in Estland ein völlig unterentwickeltes Verkehrsmittel, es gibt nur wenige Inlandstrecken, auf denen meist nur zwei- bis dreimal täglich Züge fahren und das dann auch noch kriechend langsam, zumal sie in jedem Nest halten. Die meisten Esten fahren, wenn sie im Land vorwärts kommen wollen, lieber Bus. Das ist schneller und billiger.